Philosophische Praxen

Philosophische Praxis

Herausgegeben von Günther Witzany

Band 4

Melanie Berg

Philosophische Praxen im deutschsprachigen Raum
Eine kritische Bestandsaufnahme

Die Deutsche Bibliothek — CIP-Einheitsaufnahme

Berg, Melanie:
Philosophische Praxen im deutschsprachigen Raum :
eine kritische Bestandsaufnahme / Melanie Berg. -
Essen : Verl. Die Blaue Eule, 1992

(Philosophische Praxis ; Bd. 4)
ISBN 3-89206-472-5

NE: GT

ISBN 3-89206-472-5

© Copyright Verlag Die Blaue Eule, Essen 1992
Alle Rechte vorbehalten

Nachdruck oder Vervielfältigung, auch auszugsweise,
in allen Formen, wie Mikrofilm, Xerographie,
Mikrofiche, Mikrocard, Offset, verboten

Printed in Germany

Für den langen Eckart
und den kurzen Jaron

Der Inhalt auf einen Blick

I. Einleitung 13

II. Was Philosophen alles tun - Überblick über die Tätigkeiten praktizierender Philosophen..19

   Erwachenenbildung - Weiterbildung in der Wirtschaft - Ausbildungsangebote für Philosophen - Publikationen - Einzelgespräche

III. Einzelgespräche in der Philosophischen Praxis 33

   Einführung - Praxis Achenbach - Praxis Graefe - Praxis Koch - Praxis Dill - Praxis Witzany - Praxis Teischel - Vergleich

IV. Was bringt Philosophische Praxis Neues ? - Abgrenzung zu anderen Disziplinen.....................................137

   Beratungspsychologie - Seelsorge - Logotherapie

IV. Schluß...177

Literaturverzeichnis 181

Der Inhalt im Detail

I. EINLEITUNG 13

II. WAS PHILOSOPHEN ALLES TUN - ÜBERBLICK ÜBER DIE TÄTIGKEITEN PRAKTIZIERENDER PHILOSOPHEN 19

1. Erwachsenenbildung 19
   (1) Vorträge 19
   (2) Literaturzirkel 21
   (3) Philosophisches Ferienwochenende 22
   (4) SommerPhilosophieSchule 22
   (5) Internationales gemischtes Forum 23
   (6) Forum für Philosophie Bad Homburg 24

2. Weiterbildung in der Wirtschaft 25
   (1) Management-Institut 26
   (2) Weiterbildungsveranstaltung 26
   (3) Philosophie zwischen Kunst und Management 27
   (4) Philosophie für Manager 27
   (5) Philosophisches Institut 27

3. Ausbildungsangebote für Philosophen 28
   (1) Kolloquien 28
   (2) Ausbildungsseminar 29

4. Publikationen 30
   (1) Periodika 30
   (2) Einzel-Publikationen 30
   (3) Publikationen zu unterschiedlichen Themen 31

5. Einzelgespräche 32
   (1) Aufklärung im Vorübergehen 32
   (2) Einzelgespräche in Philosophischen Praxen 32

Der Inhalt im Detail

III. EINZELGESPRÄCHE IN DER PHILOSOPHISCHEN PRAXIS 33

1. Einführung in die Thematik 33

1.1. Allgemeines 33

1.2. Methodische Vorüberlegungen 35
    (1) Zur Person 36
    (2) Die persönliche Philosophie 36
    (3) Das Gespräch 37
    (3.1) Was Menschen bewegt, in die Praxis zu kommen 37
    (3.2) Die Gesprächspartner 37
    (3.3) Die Gesprächssituation 38
    (3.4) Das Ziel 38
    (4) Der Kommentar 38

2. Ausgewählte Philosophische Praxen - Darstellung und Kritik 40

2.1. Gerd Achenbach 40
    (1) Zur Person 40
    (2) Die persönliche Philosophie 41
    (3) Das Gespräch 49
    (3.1) Was Menschen bewegt, in die Praxis zu kommen 49
    (3.2) Die Gesprächspartner 49
    (3.3) Die Gesprächssituation 53
    (3.4) Das Ziel 54
    (4) Der Kommentar 55

2.2. Steffen Graefe 63
    (1) Zur Person 63
    (2) Die persönliche Philosophie 64
    (3) Das Gespräch 66
    (3.1) Was Menschen bewegt, in die Praxis zu kommen 66
    (3.2) Die Gesprächspartner 67
    (3.3) Die Gesprächssituation 67
    (3.4) Das Ziel 68
    (4) Der Kommentar 69

Der Inhalt im Detail

2.3. Joachim Koch 72
    (1) Zur Person 72
    (2) Die persönliche Philosophie 73
    (3) Das Gespräch 73
    (3.1) Was Menschen bewegt, in die Praxis zu kommen 73
    (3.2) Die Gesprächspartner 73
    (3.3) Die Gesprächssituation 74
    (3.4) Das Ziel 74
    (4) Der Kommentar 75

2.4. Alexander Dill 76
    (1) Zur Person 76
    (2) Die persönliche Philosophie 77
    (3) Das Gespräch 83
    (3.1) Was Menschen bewegt, in die Praxis zu kommen 83
    (3.2) Die Gesprächspartner 83
    (3.3) Die Gesprächssituation 84
    (3.4) Das Ziel 88
    (4) Der Kommentar 89

2.5. Günther Witzany 96
    (1) Zur Person 96
    (2) Die persönliche Philosophie 98
    (3) Das Gespräch 104
    (3.1) Was Menschen bewegt, in die Praxis zu kommen 104
    (3.2) Die Gesprächspartner 105
    (3.3) Die Gesprächssituation 106
    (3.4) Das Ziel 108
    (4) Der Kommentar 110

Der Inhalt im Detail

2.6. Otto Teischel 114
    (1) Zur Person 114
    (2) Die persönliche Philosophie 115
    (3) Das Gespräch 119
    (3.1) Was Menschen bewegt, in die Praxis zu kommen 119
    (3.2) Die Gesprächspartner 119
    (3.3) Die Gesprächsituation 120
    (3.4) Das Ziel 122
    (4) Der Kommentar 122

3. Vergleich der Philosophischen Praxen 124
    (1) Die Personen 124
    (2) Die persönlichen Philosophien 125
    (3) Die Gespräche 128
    (3.1) Was Menschen bewegt, in die Praxen zu kommen 128
    (3.2) Die Gesprächspartner 129
    (3.3) Die Gesprächssituationen 132
    (3.4) Die Ziele 133
    (4) Achenbach und die Neuen Philosophen 134

Der Inhalt im Detail

IV. WAS BRINGT PHILOSOPHISCHE PRAXIS NEUES? - ABGRENZUNG ZU ANDEREN DISZIPLINEN ... 137

1. **Beratungspsychologie** ... 140
   - (1) Was Philosophen dazu sagen ... 140
   - (2) Vorstellung der Beratungspsychologie nach Dietrich ... 142
   - (2.1) Grundlagen der Beratung ... 143
   - (2.2) Womit Menschen zur Beratung kommen ... 144
   - (2.3) Die Gesprächspartner ... 145
   - (2.4) Das Gespräch ... 146
   - (2.5) Das Ziel ... 147
   - (3) Der Kommentar ... 148

2. **Seelsorge** ... 151
   - (1) Was Philosophen dazu sagen ... 151
   - (2) Seelsorgekonzepte ... 154
   - (3) Kommentar ... 159

3. **Logotherapie nach Victor E. Frankl** ... 163
   - (1) Was Philosophen zur Psychotherapie sagen ... 164
   - (2) Frankls Logotherapie ... 166
   - (2.1) Allgemeines ... 166
   - (2.2) Frankls Menschenbild ... 167
   - (2.3) Der Arzt als Berater ... 171
   - (2.4) Psychotherapie als Methode ... 172
   - (3) Der Kommentar ... 175

V. SCHLUSS ... 177

LITERATURVERZEICHNIS ... 181

I. EINLEITUNG

Die Einleitungsszene:
> Eine Absolventin der Philosophie trifft auf ihrem Weg durch die Stadt etliche Bekannte. Sie wird nach ihrem Befinden gefragt. Dieses sei wegen einer anstehenden Veröffentlichung eher mittelmäßig. Natürlich wird sie gefragt, woran sie denn arbeite.

Ph.: Ich arbeite an einer Veröffentlichung über Philosophische Praxen.
A.: Was, so was gibt's auch?!
B.: Steigen die Philosophen jetzt auch ins Therapiegeschäft ein?
C.: Was Praktisches. Da kann ich mir endlich auch was unter Philosophie vorstellen.
D.: Das ist ja interessant.
E.: Da begibt sich die Königin der Wissenschaften aber in niedere Gefilde! So verliert sie doch vollkommen ihre königliche Klarheit!
F.: Seit wann gibt es denn Philosophische Praxen?
G.: Erzähl doch mal, was wird denn da gemacht?
H.: Traurig, daß in unserer Zeit zu einem gepflegten Gespräch eine Philosophische Praxis aufgesucht werden muß.
I.: Was ist denn eine Philosophische Praxis?
J.: Ach, da werden wohl zu einem Problem verschiedene Texte vorgelesen.
K.: In welchen Bereichen sind die philosophischen Praktiker denn tätig?
L.: Ach ja, kannst Du mir Deine Arbeit zur Verfügung stellen? Ich denke selbst an die Eröffnung einer Philosophischen Praxis.
M.: (Variante von L) Kann ich Deine Adresse an eine Bekannte von mir weitergeben, die an die Eröffnung einer Philosophischen Praxis denkt?

...

Zuerst einmal möchte ich nur der Aufforderung Gs nachkommen, indem ich auf Bs, Is und Ks Fragen, Es Befürchtung, Hs Kommentar, Js Vermutung eingehe und F sofort antworte, daß die erste Philosophische Praxis 1981 von Gerd Achenbach in Bergisch-Gladbach eröffnet wurde.

K soll gleich im nächsten Kapitel geantwortet werden, in dem ich die unterschiedlichsten Tätigkeiten philosophischer Praktiker vorstelle. Dabei werden auch Philosophen mitberücksichtigt, die zwar praktisch tätig sind, aber keine Philosophische Praxis betreiben. Zu ähnlich sind deren Aktivitäten denen der philosophischen Praxisbetreiber.

Diese Übersicht ist dann auch gleich der Auftakt des Schwerpunktkapitels [Kapitel III].

Dort konzentriere ich mich auf eine Form philosophischer Tätigkeit, das Einzelgespräch. Auf Hs Kommentar, Js Vermutung zur Methode und Es Befürchtung wird mit der Darstellung und dem anschließenden Vergleich einzelner Gesprächskonzepte der Philosophischen Praktiker geantwortet.

Im vierten Kapitel gehe ich unter anderem der Frage Bs genauer nach, ob die von Philosophen geführten Einzelgespräche tatsächlich in den Bereich der Therapiegeschäfte fallen. Dazu greife ich auf Therapiekonzepte anderer Disziplinen zurück, wie z.B. auf psychologische oder seelsorgerliche und stelle sie denen der praktizierenden Philosophen gegenüber.

Is Frage, was Philosophische Praxis sei, dürfte wohl die schwerste sein. Eine klare Definition ist nicht zu geben, da die Praxis vom Selbstverständnis und den Interessen des Betreibers abhängt. Selbst die Negativabgrenzung - das ist Philosophische Praxis nicht - ist aufgrund der Überschneidungen mit anderen Disziplinen nicht eindeutig möglich. Wie schwer das praktizierenden Philosophen fällt, bitte ich im Interview mit Herrn Witzany nachzulesen[1].

---

1 Das Interview wurde in überarbeiteter Form in INFORMATION PHILOSOPHIE Nov. 1991 veröffentlicht

Der Bemerkung Ds, das Thema 'Philosophische Praxis' sei ja ein interessantes, bestätigte sich im Laufe des Lesens und Schreibens zu dieser Veröffentlichung stets aufs Neue, auch wenn sich die Akzente meines persönlichen Interesses veränderten.
Das lag vor allem daran, daß das Thema während des Entstehens dieser Arbeit an Aktualität gewann. Die Zahl der eröffneten Praxen nahm zu und es gab zuhauf "berufspolitische" Veränderungen in der Landschaft. So wurde im November 1989 eine weitere Gesellschaft praktizierender Philosophen gegründet. Das "Offene Forum für Philosophische Praxis und interdisziplinäre Forschung" existiert nun neben der "Gesellschaft für Philosophische Praxis"(GPP), die von Achenbach, dem ersten praktizierenden Philosophen geleitet wird. In der Satzung des "Offenen Forums für Philosophische Praxis und interdisziplinäre Forschung" werden als Ziele unter anderem genannt: Herausarbeiten existentieller Grundprobleme verschiedener Wissenschaften; Erarbeiten von Lösungsmöglichkeiten für aktuelle soziale, kulturelle und gesellschaftspolitische Aufgaben; Vermittlung philosophischer Erkenntnisse an die Öffentlichkeit; Koordination aller außeruniversitärer philosophischer und interdisziplinärer Projekte; Förderung des Erfahrungsaustausches aller praktizierenden Philosophen. Damit reagierten die Gründer und Gründerinnen auf Achenbachs 'Monopolisierungsanspruch', wie sie es nennen.
Betrachtete ich zunächst als ausgebildete Logopädin, also als Vertreterin der therapeutischen Richtung, das Phänomen Philosophische Praxis, veränderte sich der Blickwinkel zunehmend. Die Entwicklungen innerhalb der Zunft der praktizierenden Philosophen und die Verbreitungsmöglichkeiten von philosophischem Wissen und der Umgang damit in der Öffentlichkeit fesselten mich mehr und mehr. Die anfängliche generelle Skepsis gegenüber dem Projekt 'Philosophische Praxis' differenzierte sich in eine Bejahung der Grundanliegen dieses Vorhabens einerseits und Vorbehalten gegenüber bestimmten Ausführungen und Erscheinungen andererseits.

Mit solchen Vorbehalten begegnen sich auch die praktizierenden Philosophen untereinander. Äußeres Zeichen ist die bereits erwähnte Existenz zweier philosophischer Gesellschaften. Die inhaltlichen Diskussionen traten lebhaft während des im November 1989 stattfindenden zweiten "Offenen Forums für Philosophische Praxis und andere außeruniversitäre Philosophieprojekte" zu Tage. Wie unsicher sich die praktizierenden Philosophen in der Festlegung ihres eigenen Tuns sind, wurde hier sehr deutlich.

Zum Material für diese Arbeit:
Über Medien erfuhr ich zunächst von Achenbachs Projekt und las daraufhin seine Veröffentlichungen, die mich aufgrund mangelnder Stringenz nicht zufriedenstellten. Deshalb schrieb ich verschiedene praktizierende Philosophen an, die ich über Zeitungsnotizen und Telephonbücher "aufspürte". Etwa die Hälfte der angeschriebenen Praktiker antwortete und das erstaunlich offen. Der aufmerksamen Leserin, ebenso dem aufmerksamen Leser, werden aufgefallen sein, daß hier - im Zeitalter der Quotenregelung - nur von männlichen Philosophen die Rede ist. Bis heute gibt es noch keine praktizierende Philosophin mit etablierter Praxis. Lediglich eine Frau, die in einer Gemeinschaftspraxis tätig war und der gescheiterte Versuch einer anderen Philosophin sind mir bekannt.

Die nachhaltigsten Erkenntnisse zum Thema dieser Arbeit verschaffte mir ein Gespräch mit Herrn Witzany, praktizierender Philosoph in Salzburg. Dem lebhaften Interesse, das Herr Professor Krämer an den Philosophischen Praxen zeigte, verdanke ich die Erkenntnis, daß der Graben zwischen universitärer und praktischer Philosophie zu überwinden ist.
An dieser Stelle möchte ich aber auch all den anderen praktizierenden Philosophen danken, die sich die Mühe gemacht hatten zu antworten.

Einleitung

Darüber hinaus traf ich darüber hinaus auf viele interessierte Menschen, mit denen ich lange Gespräche über Philosophische Praxen und philosophische Probleme führen konnte. Ich nehme an, daß fast alle Gespräche selbst wieder als eine Form Philosophischer Praxis bezeichnet werden können. Mit Sachkenntnis aus den unterschiedlichsten wissenschaftlichen, therapeutischen und gesellschaftlichen Bereichen und mit gesundem Menschenverstand klärten diese Menschen mich auf, fragten und forderten mich heraus. Meinen Gesprächspartnerinnen und Gesprächspartnern danke ich herzlich.

An dieser Stelle sei noch angemerkt: Einige Abschnitte dieser Veröffentlichung fielen aufgrund des empirischen Charakters recht lang aus. Es wurde Material erhoben, das teilweise bis heute nicht öffentlich zugänglich ist und deshalb hier ausführlich zu Wort kommen soll. Die Aktualität und Brisanz des Themas rechtfertigen dies. Zum ersten Mal wird hier dem Leser und der Leserin ein Überblick und Vergleich über Begründung, Theorie und Praxis verschiedener Philosophischer Praxen ermöglicht.

II. WAS PHILOSOPHEN ALLES TUN - ÜBERBLICK ÜBER DIE TÄTIGKEITEN PRAKTIZIERENDER PHILOSOPHEN

Informationen für diese Zusammenschau erhielt ich einmal von den praktizierenden Philosophen selbst, zum anderen über Veröffentlichungen zu diesem Thema und schließlich durch Hinweise aufmerksamer Mitmenschen.

Die Aktivitäten der einzelnen Philosophen sind äußerst vielfältig. Sie scheinen von persönlichem Interesse, Neigung, Begabung, Wissen und Phantasie abzuhängen und sind deshalb thematisch und organisatorisch schwer vergleichbar.
Deshalb wählte ich eine adressatenspezifische Gliederung: 'Wen will der Philosoph mit seiner Aktivität ansprechen? - Einzelpersonen, Gruppen, allgemein interessierte Hörer- oder Leserschaft, philosophische oder anderweitig spezialisierte Hörer- und Leserschaft?'

1. Erwachsenenbildung:

Philosophen und Philosophinnen organisieren unterschiedlichste Veranstaltungen und halten an unterschiedlichsten Orten Vorträge.

(1) Vorträge

Fast alle praktizierenden Philosophen halten entweder auf Einladung hin oder aus eigener Initiative Vorträge auf unterschiedlichsten Foren: an Universitäten, psychiatrischen Kliniken, bei öffentlichen Kolloquien der 'Gesellschaft für Philosophische Praxis'[1], zu Künstlerprojekten, in Cafés.
Die Themen sind ebenso vielfältig wie die Veranstaltungsorte.

---

1 Gesellschaft für Praktische Philosophie = GPP

Ein Philosoph, Betreiber eines Cafés und in Ausbildung bei Achenbach, organisiert in seinem Café Vorträge u.a. über philosophische Themen.[2,3]

In Klagenfurt wurde 1989 eine Vortragsreihe 'Philosophie am Platz'[4] durchgeführt. Auf allgemein menschliche Fragen und Probleme sollte an öffentlichen, zentralen Orten des Lebens in allgemein verständlicher Sprache geantwortet werden. Der alleinigen Delegierung an Spezialisten und der Abhandlung in Fachsprachen sollte entgegengewirkt werden. Anliegen der Veranstalter war es, den nicht meß- und wägbaren Menschen in den Mittelpunkt zu holen.

Ein philosophischer Praktiker beschrieb 1989 das Organisieren eigener Vortragstätigkeit als seine damalige Hauptaufgabe (von 1983 bis 1989 118 Vorträge). Bewußt greift er populäre Themen auf, da Philosophie auch die Aufgabe habe, "zu modischen Zeiterscheinungen kritisch Stellung zu beziehen"[5].

So hält er Vorträge über literarische Themen, über männliches und weibliches Rollenverständnis, ebenso wie über explizit philosophische Themen. Allerdings rangieren diese interessanterweise auf seiner "Popularitätsliste" - ausgedrückt in Zuhörerzahlen - erst auf Platz 24. Themen über das Rollenverständnis haben wesentlich mehr Zulauf.

Künstlerprojekte zu verbalisieren, den wortlosen Gebilden Sprache zu verleihen, wird von einem anderen philosophischen Praktiker als eine weitere Aufgabe philosophischer Tätigkeit gesehen. Das Projekt "Wechsel der Ufer - Eine Liturgie des Widerstandes" des Künstlers Otto Beck (arche-Projekt 1988) wurde von ihm durch einen philosophischen Vortrag über Folgen der Sozialisation in Familie und Gesellschaft begleitet.

---

2 Fernsehsendung des Hessischen Rundfunks, 1988,
3 Philosophie im Café - Eine Matinee für jedermann, Streiflichter im Journal am Vormittag, Radiosendung des Deutschlandfunks, ausgestrahlt am 05.06.89, 1000 Uhr (Veranstaltungsort: Café Central, Köln)
4 Einladung zur Veranstaltungsreihe 1989 "Philosophie am Platz", organisiert von Raditschnig und Oberhauser, Studienzentrum Kla-genfurt
5 Graefe Steffen, Privatdruck, 1989 S.1

Desweiteren ist er überzeugt davon, daß der philosophische Dialog als menschliches Grundbedürfnis öffentlicher Plätze bedarf. Er engagiert sich zunehmend in einer Initiative um den Nationalpark Hohe Tauern. Mittlerweile[6] ist sie sein Hauptarbeitsbereich geworden. Ein neues Selbstwertgefühl in der "Region Rauris bis Krimml" soll gefördert[7], Positives der eigenen Kultur hervorgeholt, Möglichkeiten für Neues geschaffen werden. Tauriska-Kalender und Tauriska-Fest sind z.b. Medien dafür. Besagter Philosoph veröffentlichte im Tauriska-Kalender einen Beitrag[8], in dem er auf die Möglichkeiten hinwies, in diesem geschützten Park das Verhältnis zur Natur zu bedenken, neue Werte zu setzen, diesen Ort als Erprobungsfeld z.B. für einen Fremdenverkehr in gesundem Maß, für einen besonderen Umgang in den Betrieben, für einen vorbildlichen, sich selbst versorgenden, vielfältigen Nationalpark zu nutzen. Anzustreben sind in den Gemeinden des Nationalparks regelmäßig stattfindende philosophische Stammtische.

(2) Literatur- / Lesezirkel

In einer "Gesprächswerkstatt"[9,10] bietet einer der philosophischen Praktiker Leseabende mit Diskussion an. Philosophische Texte werden gemeinsam gelesen und in persönlicher Weise besprochen und diskutiert.

---

6   Witzany, persönlicher Brief vom 13.02.91
7   Vergessenes wiederentdecken, in: Salzburger Nachrichten vom 21.02.89, S.28
8   Lehrer und Waffenstillstandszone, in: Salzburger Nachrichten vom 21.02.89, S.28
9   Teischel Otto: Rundschreiben an die Besucher und Besucherinnen seiner Gesprächswerkstatt
10 Neubert Miriam, Denkstunden nach Vereinbarung in: Rheinischer Merkur Nr.44, 30.10.87, S.20

(3) Philosophisches Ferienwochenende mit angenehmem Beiprogramm[11]

Eingeladen wird zur inhaltlichen Beschäftigung mit einem Philosophen, um auf diese Weise ins philosophische Denken hineinzukommen und nicht weiterhin nur über Philosophie zu reden. Was es heißt, philosophisch zu denken, soll konkret gezeigt werden: Philosophisches Denken ermögliche z.b. zu verstehen, wie und warum zu einer bestimmten Zeit in einer bestimmten Weise gedacht, empfunden und beurteilt wurde. Eingeladen wird mit der Ankündigung, daß den Teilnehmern und Teilnehmerinnen über sich und die Nachbarn die Augen geöffnet werden würden.

Neben der philosophischen Arbeit soll der gesellige Teil auf keinen Fall zu kurz kommen, der - der Beschreibung nach - beschaulich und gut bürgerlich zu sein scheint (Mini-Golf, Film, Plauderei am Kaminfeuer, Spaziergänge um die Burg etc.).

(4) Sommer Philosophie Schule

Aus einem Zeitungsinserat:
> "das ist: intensives Arbeiten an einem Philosophen in der Wärme, im Licht der Sonne und großer kultureller Tradition, also: sinnlicher und intellektueller Genuß.
> Intensivkurse in verschiedenen Formen: Schloß Bernstein, Burgenland: Großgruppe (14 Teiln.) in Auseinandersetzung mit Kultur und Herrschaft; auch als Erlebnisurlaub für Kinder (mit Begleitpersonen!) /.../
> Vezelay, Bourgogne: Philosophische Arbeit in Kleingruppen unter dem Eindruck mittelalterlicher Frömmigkeit (Romanische Basilika) /..."[12]

In den Kursen werden vorab ausgewählte Texte gelesen. Zur besseren Verständlichkeit werden dazu vom Kursleiter philosophische Begriffe erläutert.

---

11 Einladung zu einem "Philosophischen Ferien-Wochenende" in der Eifel vom 21. bis 23. Juli 1989 von Gerd Achenbach
12 DIE ZEIT, Nr. 17 - 21. April 1989

Der philosophische Autor wird durch die Erfahrungen der Teilnehmerinnen und Teilnehmer kommentiert. Die Seminare unterscheiden sich von universitären insofern, als Lebenserfahrungen der Teilnehmerinnnen und Teilnehmer bedeutender sind als philosophische Vorkenntnisse. Der Veranstalter und Leiter legt großen Wert auf ein Gespräch in gegenseitiger Toleranz. Sie ist "für das philosophische Gespräch ebenso wesentlich wie die Farbe für den Maler: ohne sie keine Ausdrucksmöglichkeit."[13] Die außergewöhnlichen Orte der Kurse sollen das Finden neuer Aspekte erleichtern und in der Begegnung mit Kunstwerken "ein Hoffnung erweckendes Gefühl für Reichtum und widersprüchliche Schönheit des menschlichen Gattungslebens ("Geiste") erwachsen /.../"[14] lassen. Die Gebühren für Kurs und Unterbringung bewegen sich zwischen 1000.- DM und 2000.- DM pro Woche.

(5) Internationales gemischtes Forum

Von einem Philosophen wurde 1981 ein Verein gegründet, dessen Ziel es ist, in Hamburg ein internationales philosophisches Forum zu initiieren. Das Forum soll ein internationales, bunt gemischtes Programm philosophischer Erwachsenenbildung anbieten.
Unter anderem sollen "die Kulturen ethnischer Minderheiten in einen Dialog mit der deutschen"[15] Kultur gebracht werden. Der Philosoph arbeitet dabei mit dem Philosophischen Seminar Hamburg, dem Deutsch-Indischen Kulturinstitut, verschiedenen Generalkonsulaten und anderen Insitutionen zusammen. Finanziert wird der Verein auf ABM-Basis.

---

13 Kühn Peter, ebenda, S.1
14 Kühn Peter, Einladung zu Seminaren für das Jahr 1989
15 Graefe, persönlicher Brief vom 19.05.89

(6) Forum für Philosophie Bad Homburg - Philosophisches Lehr- und Forschungsinstitut

Auf ein Anschreiben meinerseits erhielt ich von dieser Institution leider keine Antwort. So bin ich bei der Beschreibung auf Sekundärinformationen[16] angewiesen:
Gegründet wurde das Institut[17] in der Überzeugung, daß es ein Bedürfnis gebe, philosophische Fragen zu erörtern. Im Dezember 1988 legte das Institut den ersten Tätigkeitsbericht vor. Danach umfaßte das Angebot regionale Kurse, Diskussionen und Vorträge, spezielle Kursangebote z.B. für Unternehmensführungen und politische Bildungseinrichtungen. Außerdem wurden Privatdozenten in einer Zeit struktureller Engpässe an den Universitäten in ihrer wissenschaftlichen Arbeit unterstützt. Am Institut selbst arbeiten u.a. zwei habilitierte Philosophen mit. Dadurch sei eine qualifizierte Forschungsarbeit mit Vermittlung "philosophischen Gedankengutes in einer authentischen Form"[18] möglich.
Finanziert wird das Institut von der Quandt-Stiftung[19] und ist als gemeinnützige philosophische Lehr- und Forschungsinstitution anerkannt!

---

16 INFORMATION PHILOSOPHIE, Dez. 88, S.90ff
17 Forum für Philosophie, Bad Homburg GmbH
18 INFORMATION PHILOSOPHIE, Dez.88, S.92
19 "Quandt-Gruppe, Familiengemeinschaft zur Verwaltung von Ind.beteiligungen; gegr. durch den dt. Industriellen Günter Quandt (*1881,+1954). Beteiligungen an mehreren Großunternehmen (z.B. Bayer.Motorenwerke AG)." aus: Meyers Grosses Taschenlexikon, Bd.18, 1984

2. Weiterbildung in der Wirtschaft

Vor allem in der Wirtschaft vergößert sich die Nachfrage nach Philosophinnen und Philosophen. Es scheint so, als ob Beratungsfunktionen, die bislang von Psychologinnen und Psychologen übernommen wurden, allmählich in Philosophenhände übergehen.[20]
Firmenleitungen erhoffen sich durch das Engagement von Philosophinnen und Philosophen für die betriebliche Weiterbildung, daß ihre Mitarbeiter "offener für Zeitfragen"[21] werden. Behandelt werden Grundprobleme der Moral und politischen Ethik.
An Veränderungen von Werbestrategien läßt sich z.B. ersehen, daß sich Firmen klugheitsethischer Begründungen besinnen.
Aus einer Anzeige für Mercedes-Benz Nutzfahrzeuge:
"Ohne LKW bekommen in der Bundesrepublik 27 Millionen Haushalte kein Frühstücksei.
Wir investieren in umweltfreundliche Technologien, damit das Nutzfahrzeug eine saubere Zukunft hat. Mit unserem Konzept des Low Emission Vehicle (LEV) setzen wir Maßstäbe auf dem Weg zur Reduktion der Schadstoff- und Geräusch-Emission bei Nutzfahrzeugen. Einen aktuellen Überblick erhalten Sie im Umwelt-Zentrum unseres Nutzfahrzeug-Standes auf der IAA. /.../ Unser Einsatz für die Umwelt."[22]

Diese Strategie ist auch bei Banken (Öko-Kredite) und Chemie- und Pharmaunternehmen zu beobachten.

---

20 Zu diesem Bereich philosophischer Tätigkeit standen mir nur Notizen aus Sekundärquellen zur Verfügung. Ein angeschriebenes Management-Institut und ein befragter Philosoph, der laut Zeitungsinformation in der Unternehmensschulung arbeitet, antworteten nicht.
21 Notiz in DIE ZEIT, Nr. 2 - 06.01.89, Wirtschaftsteil
22 Werbeanzeige der Mercedes-Benz-Nutzfahrzeuge im Schwäbischen Tagblatt, Tübingen vom 04.09.89

(1) Management-Institut Dr. Götz Hohenstein

Dr. Hohenstein nahm philosophische Themen in sein Fortbildungskonzept auf - weniger aus eigener Überzeugung, denn auf Nachfrage aus der Wirtschaft hin. Er selbst meint, Unternehmen gingen auf Distanz zu der "olympischen Formel der Ökonomie *schneller-höher-weiter*"[23]. Vielmehr sei Orientierung und Legitimierung der Wirtschaft gefragt. Und hier käme sie ohne Philosophie überhaupt nicht mehr aus.
Im Management-Institut Dr. Götz Hohenstein werden die Seminare unterteilt in Seminare zur Wissensvermittlung und solche zur Verhaltensänderung. In letztgenannten beschäftige man sich mit Dialektik, Rhetorik, Führungsstil, Führungsverhalten, Motivation. Die Aufgabe der Philosophen sei es, sich mit dem Wandel des allgemeinen Bewußtseins zu befassen und dieses den Managern nahezubringen. Nur so sei gewährleistet, daß sie mit dem Wandel des Bewußtseins ihrer Mitarbeiter vertraut würden, in Kontakt blieben und gute Ergebnisse erzielen könnten. "Aber wie kann ich Resultate mit Mitarbeitern erzielen, wenn ich nicht genau weiß, wie diese Mitarbeiter fühlen und denken?"[24]. Philosophie wird instrumentalisiert.

(2) Weiterbildungsveranstaltung in Münster[25]

"Unternehmen und ihre Produkte [werden - M.B.] zunehmend unter moralischen Gesichtspunkten beurteilt"[26]. Führungskräfte ohne "ethische und unternehmensphilosophische (Aus-)Bildung"[27] kämen wesentlich schlechter mit der allseits gegenwärtigen Berücksichtigung von Werten zurecht.
Manager sollen auf Diskussionen vorbereitet werden, die jenseits rein ökonomischer Belange liegen und doch ständig größeres Gewicht erlangen. Erkenntnisse der Philosophie werden für die Ökonomie ge-

---

23 Fernsehsendung des Hessischen Rundfunks, 1988
24 ebenda
25 Seminarbeschreibung eines Seminars in Münster für Führungskräf-te am 07./08.09.89, die mir ohne weitere Literaturangabe zur Verfügung gestellt worden war
26 ebenda
27 ebenda

nutzt. Ein Mittel, alte Produkte der Wirtschaft mit neuen Argumenten zu rechtfertigen und somit Verbesserungen zu umgehen? Kostenpunkt der zweitägigen Veranstaltung: 790.- DM (zzgl. Mwst.).

(3) Philosophie zwischen Kunst und Management

Wohl in Anlehnung an amerikanische Philosophentätigkeit betreibt ein Philosoph in Hamburg Beratung im konzeptionellen Bereich und bietet "die Analyse und Gestaltung von Identität für Produkte und Unternehmen an"[28].

(4) Philosophie für Manager

Dieser Workshop wurde im Januar 1989 an der Hamburger "Arbeitsstelle für wissenschaftliche Weiterbildung" durchgeführt. Themenbereiche wie Weisheit des Führens, ethische Prinzipien, philosophisches Argumentieren, mögliche Handlungsunfähigkeit durch Reflexion[29] wurden behandelt.

(5) Philosophisches Institut - Persönlichkeitsentfaltung, Kommunikation, Rhetorik

Leider sandte mir der Institutsleiter auf meine Anfrage hin keine Unterlagen über Konzeption und Erfahrung zu. Auf verschiedenen Tagungen erfuhr ich in persönlichen Gesprächen mit ihm "Mosaiksteine" seiner Praxis in Wiesbaden.
Zunächst führte er in seiner Praxis wohl hauptsächlich Einzelgespräche. Mittlerweile arbeitet er zusammen mit Kollegen in der Industrie. Einer der Kollegen plante, Seminare für Führungskräfte in der Wirtschaft zum Thema "Macht und Ethik" abzuhalten.[30] Insgesamt scheint sich die Aktivität der Wiesbadener Praxis mehr in den industriellen Bereich verlagert zu haben.

---

28 Koch Joachim, persönlicher Brief vom 15.03.89
29 INFORMATION PHILOSOPHIE, Juli 89, S.106
30 Prof. Winfried Franzen, persönlicher Brief vom 11.12.90

3. Ausbildungsangebote für Philosophen

Zu den Tätigkeiten bereits erfahrener philosophischer Praktiker gehört es auch, Aus- und Weiterbildungskonzepte für unerfahrene Kolleginnen und Kollegen zu entwickeln und durchzuführen. Inwiefern und in welchem Maße die Ausbildung verbindlich sein sollte, wird heftig unter den praktizierenden Philosophen diskutiert. Anliegen der einen Seite ist es, diesen neuen Zweig philosophischer Tätigkeit zu ordnen[31] und "Schindluder und Mißbrauch"[32] zu vermeiden. Die Skeptiker hingegen begreifen eine institutionalisierte Ausbildung als Eingriff in ihre persönliche Ausbildung und als Monopolisierungsbestreben[33]. (s. dazu auch Kap. III.3.)

(1) Kolloquien zur Philosophischen Praxis[34]

Um die GPP herum werden Kolloquien zur Philosophischen Praxis abgehalten. Sie sind meistens öffentlich. Lediglich einige Seminare sind nur für Mitglieder zugänglich. Diskutiert werden inhaltliche und organisatorische Themen zur Philosophischen Praxis. 1989 fand das Kolloqium zum 6. Mal statt.

---

31 aus der Satzung der GPP:
"§2 DIE BESONDEREN ZWECKE
2. Ziel der GPP ist andererseits, in wissenschaftlich-theoretischer Absicht die lange Tradition praktischer und praktizierter Philosophie durch geeignete Forschungen wieder verstärkt zu Bewußtsein zu bringen und zu fördern.
§3 DIE VERWIRKLICHUNG DER ZWECKE
4. Ausbildung von praktizierenden Philosophen,
5. Einrichtung von Weiterbildungsmöglichkeiten, um die praktizierenden Philosophen in der Ausübung ihrer Tätigkeit zugunsten der zu beratenden Menschen und Institutionen zu unterstützen und zu fördern,
§4 MITGLIEDSCHAFT
1. Ordentliche Mitglieder
b) Praktizierende Mitglieder
Praktizierende Mitglieder sind ordentliche Mitglieder, die nach den Ausbildungsempfehlungen der GPP zur Führung einer Philosophischen Praxis berechtigt sind. /.../ Über die Aufnahme wird /.../ entschieden /.../ allein im Interesse aller, die fachkundiger, verantwortungsvoller Hilfe bedürfen und davor geschützt werden sollen, unsachgemäß und inkompetent beraten zu werden. /.../
32 Witzany über Achenbach, Privatskript, 1989b, S.2
33 Dill, persönliche Mitteilung vom 14.03.89
34 Einladung zum Kolloqim der GPP zum 28. - 31.10.88

(2) Ausbildungsseminar

Ebenfalls von der GPP werden Ausbildungsseminare für praktizierende Philosophen angeboten.
Der Schwerpunkt der Veranstaltung für Juni 89 lag laut Ankündigung[35] auf technischen Fragen. Themen wie Gesprächsführung, thematische Konzentration, büro-technische Fragen standen auf der Tagesordnung. Interessanterweise ließ der Initiator deutlich von seinen früheren Plädoyers ab. Er hatte Konzeptlosigkeit des Vorgehens propagiert, was Methoden und vorgegebene Ziele betraf[36]. Für Mai 1990 stand das Ausbildungsseminar unter dem Thema: "ÜBERGÄNGE - oder: Von der psychologisch-psychoanalytischen Rekonstruktion des "beschädigten Lebens" zur Erneuerung eines philosophischen Begriffs "richtigen Lebens" in praktischer Absicht." Aus den praktischen Erfahrungen sollen Argumente gegen Philosophien gefunden werden, die meinen das "richtige Leben" erkannt zu haben. Ferner soll der vornehmlich psychologische Blick auf das Individuum durch einen philosophischen abgelöst werden.

---

[35] Einladung zum Ausbildungsseminar der GPP und des Instituts für Philosophische Praxis zum 28. bis 30. Juli 1989
[36] Neubert, 1987

4. Publikationen

(1) Periodika

Diverse Reihen praktizierender Philosophen sind schon im Buchhandel erhältlich.

Die "Schriftenreihe zur Philosophischen Praxis" erscheint seit 1984 in unregelmäßigen Abständen. Bisher wurden drei Bände herausgegeben. Jeder Band enthält eine Sammlung von Vorträgen und Aufsätzen. Autoren sind Philosophen in und um die GPP. Sie beschäftigen sich mit Grundlagen zur Philosophischen Praxis.

Das Mitteilungsblatt der GPP erscheint unregelmäßig seit November 1987. Es enthält Falldarstellungen aus der Philosophischen Praxis, Protokolle, Buchbesprechungen, theoretische Beiträge zur Philosophischen Praxis etc.

Seit 1986 gibt ein praktizierender Philosoph die Vierteljahreszeitschrift "ARCHE NOVA - Ideenforum für Wertewandel und Friedensforschung" mit heraus. Durch Aufzeigen von Zusammenhängen soll der Informationsstand der Leser verbessert werden.

In der Reihe "Philosophische Praxis" erschien 1989 der erste Band. Vorträge und Essays des Herausgebers wurden darin veröffentlicht[37]. Zwei weitere Bände wurden 1991 herausgegeben[38].

(2) Einzel-Publikationen zur Philosophischen Praxis

Neben den oben erwähnten Reihen werden und wurden einzelne Bücher zur Philosophischen Praxis veröffentlicht. Im Juli 1990 erschien das Buch "Philosophische Praxis - Eine Einführung"[39]. Ein weiteres wurde angekündigt.[40]

---

37 Witzany, 1989a
38 Bd.2: Bernhard Hölzl, Tractatus poetico-philosophicus - Über Simulation, Essen 1991
Bd.3: Günther Witzany (Hrsg.), Zur Theorie der Philosophischen Praxis, Essen 1991
39 Alexander Dill
40 Ankündigung von Otto Teischel in einem privaten Brief

In allen Werken geht es um Beschreibung und Begründung der Tätigkeit in der Philosophischen Praxis, d.h. die Veröffentlichungen haben starken Rechtfertigungs- und Abgrenzungscharakter und sind sehr individuell geprägt.

(3) Publikationen zu unterschiedlichen Themen

Praktizierende Philosophen beschränken sich nicht nur auf Publikationen zur Philosophischen Praxis, sondern veröffentlichen in unterschiedlichsten Organen und zu verschiedensten Themen. Ein Philosoph berichtet von einer Veröffentlichung in "Psychologie heute" über "Transpersonale Psychologie"[41]. Von einem anderen ist ein Artikel über Veränderung der Sprache[42] und ein Vortrag auf dem 20. BFF-Kongreß in Stuttgart[43] veröffentlicht.

---

41 Graefe Steffen, persönlicher Brief, 1989
42 Achenbach, Ein Vorschlag zur Güte, in: Texten und Schreiben, 6/89
43 Achenbach, Das Verschwinden der Welt hinter den Bildern, Vortrag gehalten auf dem 20. BFF-Kongreß in Stuttgart, veröffentlicht in PROFIFOTO, 4/89

5. Einzelgespräche

(1) "Aufklärung im Vorübergehen"[44]

Ein Philosoph hatte in einer U-Bahn-Haltestelle in Berlin ein Plakat mit einem Kant-Zitat[45] anbringen lassen. Unterstützt wurde er bei dieser Aktion vom Senat für Kulturelle Angelegenheiten und anderen Sponsoren. Mit den auf die U-Bahn wartenden Menschen suchte dieser Berliner Philosoph philosophische Gespräche. Sein leitender Gedanke: An einem Ort, an dem Menschen warten, haben sie Zeit nachzudenken und zu philosophieren. Dazu wolte er sowohl mit seinem Plakat, als auch mit seinen Gesprächsansätzen anregen.

(2) Einzelgespräche in Philosophischen Praxen

Praktizierende Philosophen bieten in ihren Praxen Einzelgespräche an. Damit nehmen sie das offensichtliche Interesse an philosophisch geführten Dialogen ernst.
Dieser Aspekt philosophischer Arbeit bildet den Schwerpunkt dieser Untersuchung und kommt im nächsten Kapitel zur Ausführung.

---

44 Transkription einer unvollständigen, privaten Viedeoaufnahme einer Fernsehsendung des Hessischen Rundfunks über Philosophische Praxis, ausgestrahlt 1988;
Titel und genaue Sendezeit konnten aufgrund der unvollständigen Angaben nicht herausgefunden werden;
45 "Es ist so bequem unmündig zu sein. Habe ich ein Buch, das für mich Verstand hat, einen Seelsorger, der für mich Gewissen hat, einen Arzt, der für mich Diät beurteilt usw., so brauche ich mich ja nicht selbst zu bemühen" (Kant) zitiert nach Information Philosophie, Juli 1989, S.106

III. EINZELGESPRÄCHE IN DER PHILOSOPHISCHEN PRAXIS

1. Einführung in die Thematik

1.1. Allgemeines

Nach der Lektüre des vorangegangenen Kapitels könnte der Eindruck entstanden sein, daß die praktizierenden Philosophen allerorten tätig und verbindende Themen schwer auszumachen seien. Bei aller Vielfalt ist ihnen jedoch eines gemein: Praktizierende Philosophinnen und Philosophen bieten Einzelgespräche an.

Auch in Medien, die über Philosophische Praxis berichten, scheint der Bereich der Einzelgespräche der interessanteste Aspekt der Tätigkeiten der Philosophen zu sein. Warum ausgerechnet Einzelgespräche so interessant sind, läßt sich nicht sofort ersehen. Mag sein, daß es daran liegt, daß potentiell jede Person eine Philosophische Praxis zu einem Gespräch aufsuchen kann. Sei es, daß Berichte über Einzelschicksale stets publikumswirksam sind oder Philosophische Praxis schnell mit Psychotherapie in Verbindung gebracht wird und dieses Thema stets Leserschaft anzieht.

Wie problematisch allerdings eine unkritische Gleichsetzung der philosophischen Praxis mit der psychotherapeutischen ist, kann in einem reißerischen Cosmopolitan-Artikel[1] nachempfunden werden. Holger Fuß, der Autor dieses Artikels, will drei praktizierende Philosophen mit erfundenen Geschichten auf die Probe stellen. Da die Philosophen seine erfundenen Geschichten nicht als solche entlarven, sind sie für ihn der Unfähigkeit überführt. Eine recht zweifelhafte journalistische Arbeitsweise! Der Artikel verdeutlicht jedoch sehr anschaulich einen Grundsatz jedes praktizierendn Philosophen: Erwartungen von Gesprächssuchenden, eindeutige Ratschläge zu erhalten - wie es etwa in der Ehe- oder Erziehungsberatung denkbar wäre - werden systematisch enttäuscht. Für die Philosophische Praxis kein Manko - wie im Artikel unterstellt -, sondern Programm in Abgrenzung zu therapeutischen Anweisungen: Einsicht in die Unmöglichkeit, allgemein verbindliche Anweisungen vermitteln zu können.

---

1 Fuß Holger, Wir mieten uns einen Sokrates, in: COSMOPOLITAN, 1/89

Philosophische Praxis wurde in einer Zeit "erfunden"[2], in der geradezu ein Therapie- und Selbsterfahrungsboom zu verzeichnen war. Einige Jahre zuvor wäre Philosophische Praxis, dem Trend der Zeit entsprechend, vermutlich mit soziologischen Ansätzen verglichen worden. Auf der Höhe des Selbsterfahrungs- und Therapiebooms schien es aber nichts mehr zu geben, womit nicht in erster Linie Selbsterfahrung und Heilung betrieben werden konnte. Sollte mit Philosophie Selbsterfahrung betrieben werden? Oder war erkannt worden - sozusagen als Überwindung der Selbsterfahrung um der Selbsterfahrung willen -, daß die Fragen des Wozus und Wohins immer noch nicht gelöst sind? Und ahnten die damals bereits praktizierenden Philosophen, was neuere explizit aussprechen: Ein Gespräch in der Philosophischen Praxis kann zu einem Gespräch über den Sinn des eigenen Lebens führen?

> "Sigmund Freud immerhin, kannte die Frage nach dem Sinn des Lebens schon. Aber er deutete sie als Indikator einer therapiebedürftigen Lebensverfassung. "Im Moment, da man nach Sinn und Wert des Lebens fragt, ist man krank, denn beides gibt es nicht in objektiver Weise" - so schrieb er am 13. August 1937 an Maria Bonaparte."[3]

Wird das Gespräch in der Philosophischen Praxis dann zu einem Gespräch über den Sinn des Lebens, über den Sinn meines konkreten Lebens? Gut möglich! Aber es kann genauso gut weit über den psychotherapeutischen Bereich hinausgehen.

---

2 Gründung der ersten Philosophischen Praxis 1981 in Bergisch-Gladbach durch Gerd Achenbach
3 Lübbe Hermann, Theodizee und Lebenssinn, Vortrag am Kolloqium "Castelli" 1988 in Rom, in gekürzter Form veröffentlicht in: INFORMATION PHILOSOPHIE, Mai 1989, S.5

1.2. Methodische Vorüberlegungen

Einzelne philosophische Praktiker sollen in den folgenden Unterkapiteln zu Wort kommen. Vorstellungen, Themen, Theorien und, soweit möglich, Beschreibungen von Einzelgesprächen der jeweiligen Herren werden dargestellt.
Wie aus dem vorangegangenen Übersichtskapitel ersehbar, stand mir eine Fülle unterschiedlichster Materialien zur Verfügung: Zeitungsnotizen über praktizierende Philosophen, Bücher von praktizierenden Philosophen, Zeitschriften, Werbematerialien, Briefe, Interviews etc. Die Reichhaltigkeit und Verschiedenartigkeit der Texte verhalf mir zwar zu einem bunten Bild, ließ aber direkten Materialvergleich nicht zu.
Ich entschied mich für eine Gliederung nach formalen Aspekten, da sich bei inhaltlicher Bearbeitung im Wittgensteinschen Sinne "nichts gezeigt" hätte. Aus den Materialien rekonstruierte ich den Rahmen und die Gesprächsbedingungen philosophischer Einzelgespräche. Auch dieses Vorgehen weist noch genügend "Unvergleichbarkeiten" in Bezug auf Ausführlichkeit und Quelle der Darstellungen auf.

Die Gesprächskonstituenten sind von mir nach Art einer möglichen ausführlichen Spielbeschreibung ausgewählt worden. Von grundlegenden Prinzipien ausgehend zu gesprächsspezifischen fortschreitend wird die Gesprächssituation konstruiert.

Zu den Gesprächskonstituenten im Einzelnen:

(1) Zur Person

Der praktizierende Philosoph soll, soweit es für diese Arbeit sinnvoll erscheint, vorgestellt werden. Dazu gehören Alter, Ausbildungsweg und Weiterbildungsschwerpunkte. Die Interessen der Philosophen geben Hinweise auf die jeweiligen Ausprägungen ihrer Tätigkeiten, von denen die Philosophische Praxis nur eine ist. Soweit bekannt, nenne ich den Zeitpunkt der Praxiseröffnung und gebe Hinweise auf die anderen Aktivitäten des Praxisbetreibers. Diese wurden in anderer Ordnung bereits ausführlicher im vorangegangenen Teil II beschrieben. Und ich bitte verehrte Leserin, verehrten Leser, Genaueres dort nachzulesen.

(2) Die persönliche Philosophie

Etwas provozierend mag diese Überschrift in den Ohren der universitären Philosophen klingen, wird doch spontan wahrscheinlich mit dem Begriff 'Philosophie' ein philosophischischer Entwurf verbunden und nicht, wie hier, im Sinne von 'Lebenshaltung' verwendet.

Aus zwei Gründen wage ich es, den Begriff 'Philosophie' in dieser Weise zu gebrauchen. Einige praktizierende Philosophen verwenden diesen Begriff. "Im Grunde ist die Lebenseinstellung jedes Menschen seine ureigenste praktische Philosophie, und indem er sich diese Lebenseinstellung erschließt, *philosophiert* er."[4] Und jeder der praktizierenden Philosophen legt sich eine Philosophie im Sinne von Lebenshaltung zu. Diese persönliche Einstellung bildet Ausgangspunkt und theoretische Grundlage für seine Praxis. Und da die persönliche Philosophie somit in das Gesprächsverhalten, die Gesprächskonzeption und die Zielsetzungen des philosophischen Dialogs hineinwirkt, erscheint es mir unerläßlich, diese herauszuarbeiten.

---

4 Dill, Werbeprospekt, S.2

(3) Das Gespräch

Wie soll ein philosophisches Gespräch geführt werden? In diesem Abschnitt werden die Äußerungen der praktizierenden Philosophen über das Gespräch in ihrer Praxis zusammengefaßt. Konkrete ausführlichere Gesprächsbeispiele oder gar Falldarstellungen standen mir nicht zur Verfügung. Die Philosophen führen lediglich einzelne Anlässe oder Gesprächausschnitte zur Verdeutlichung einer Hypothese an. Insgesamt bleibt der Abschnitt abstrakt.

(3.1) Was Menschen bewegt, in die Praxis zu kommen

Aus welchen Gründen kommt jemand auf die Idee, eine Philosophische Praxis aufzusuchen? Gibt es bestimmte Anlässe? Kommen Menschen in ganz bestimmten Situationen?
Die Philosophen antworten darauf mit allgemeinen Formulierungen. Ledigich Herr Witzany berichtet im Interview von drei konkreten Besuchsanlässen.

(3.2) Die Gesprächspartner

Die philosophischen Praktiker nennen in unterschiedlichem Maße Eigenschaften, Voraussetzungen und Kompetenzen der Gesprächspartnerinnen und Gesprächspartner. Ich unterteile jeweils in Betreiber der Philosophischen Praxis und Besucher. Bei der Auflistung der "notwendigen Eigenschaften" der Gesprächspartner und -partnerinnen werden teilweise Erfahrungen, teilweise Idealvorstellungen, aber auch Befürchtungen Klienten und Kollegen gegenüber dargelegt.

(3.3) Die Gesprächssituation

Dieser Abschnitt umfaßt jeweils zwei Aspekte.
In einem eher formalen Teil geht es um die jeweilige Gesprächstheorie des philosophischen Praktikers. Darunter sind Gesprächsregeln, bestimmte Züge im Sprachspiel, Gesprächsende etc. zu verstehen.
Im eher inhaltlichen Teil fasse ich Themenbereiche, soweit erwähnt, zusammen. Desweiteren führe ich die Anwendung bestimmter Gesprächstrategien bei bestimmten Themen und Lösungsmöglichkeiten an.

(3.4) Das Ziel

Welches Ziel soll im philosophischen Dialog erreicht werden? Dieser Punkt ist wiederum meistens recht formal gehalten. Konkret werden die Zielvorstellungen nur dann, wenn die Philosophen zu praktischen Themen, z.B. zum Umweltschutz, Stellung nehmen. Allerdings schlägt sich die Konkretisierung nicht in konkreten und individuellen Hinweisen zu Handlungen und Einstellungen der Besuchenden, sondern in allgemeinen gesellschaftlichen, wirtschaftlichen oder politischen Utopien nieder.

(4) Der Kommentar

Um den Lesefluß nicht zu stören, enthalte ich mich jeglicher Erläuterungen und Kommentare in den Abschnitten (1) bis (3). Der Leserin und dem Leser soll Gelegenheit gegeben werden, sich möglichst unbeeinflußt ein Bild zu machen. Natürlich sind mir die Grenzen solcher "Objektivität" bewußt. Alleine in die Auswahl der Textstellen und der Art meiner Zusammenstellung fließt auf gewisse Weise schon mein Verständnis und eine Wertung der jeweiligen Texte ein.
In diesem abschließenden Kommentarkapitel fasse ich nun die für mich jeweils kritischen Punkte zusammen. Das geschieht in einer Art Rezension. Stil, Inhalt, Argumentationsweise etc. werden berücksichtigt. Über mögliche Wirkungen der Texte wird spekuliert. Die

Analysepunkte richten sich nach Art und Inhalt der vorangegangenen Darstellung. Ein Philosoph betont z.B. die Dialogprinzipien der Frankfurter Schule. Interessant ist es somit, seinen eigenen Stil an diesen Kriterien zu messen. Psychoanalysekritik ist der Schwerpunkt eines anderen Philosophen. Seine Arbeit wird deshalb mit "psychoanalytischer Brille" gesehen werden.

Die Reihenfolge der Vorstellung der einzelnen Philosophen richtet sich weder nach Wichtigkeit noch nach Veröffentlichungen, sondern allein nach dem Datum der Praxiseröffnung - wenn bekannt.

Sind die Philosophen einzeln vorgestellt worden, werden sie im anschließenden Kapitel (III.3) verglichen. Die oben erläuterten Einzelabschnitte - zum Zwecke der Vergleichbarkeit entwickelt - sollen nun gegenüber gestellt werden.
Den ursprüngliche Kommentarabschnitt (4), in dem es um die innere Kohärenz bzw. Widersprüchlichkeit der persönlichen Philosophien ging, ersetze ich durch Darstellung der Kritik der philosophischen Praktiker untereinander, speziell der Kritik an Achenbach.

2. Ausgewählte Philosophische Praxen - Darstellung und Kritik

2.1. Dr. Gerd B. Achenbach[1]

> **Philosophische Praxis ist eine Weise gemeinsamen Denkens**[2]

(1) Zur Person

Achenbach als "Vater der Philosophischen Praxen" eröffnete 1981 weltweit die erste Philosophische Praxis. Schon während seines Philosophiestudiums spielte er mit dem Gedanken, als philosophischer Praktiker zu arbeiten. Nach seiner Promotion mit dem Titel "Die Lust und die Notwendigkeit" - eine Hegelstudie von Odo Marquard betreut -, verwirklichte er 1981 die Idee in Bergisch-Gladbach. Ausschlaggebend für seine Praxisgründung war

> "die Erkenntnis, daß die Philosophie ihre früher einflußreiche Rolle in Staat und Gesellschaft ausgespielt hat und zur Seminarwissenschaft verkümmert ist."[3]

---

1 verwendete Literatur von und über Achenbach:
   - Achenbach Gerd B., Philosophische Praxis (Schriftenreihe zur Philosophischen Praxis, Bd. 1), Köln, 1984
   - Achenbach Gerd B./ Thomas H. Macho, Das Prinzip Heilung: Medizin, Psychoanalyse, Philosophische Praxis (Schriftenreihe zur Philosophischen Praxis Bd.2), Köln 1985
2 Macho, zit. nach Achenbach, 1984, S.99
   - Achenbach, diverse Einladungen zu Philosophischen Wochenenden, zu Kolloquien der GPP, zu einem Freitagsseminar und zu Ausbildungsseminaren der GPP
   - AGORA, Zeitschrift für Philosophische Praxis, Mitteilungsblatt der GPP, Hefte 1(Nov. 1987), 5/6(Jan.89),7(Okt.89)
   - PROFIFOTO, Nr.4, 1989
   - Spiegel, Nr. 39, 1982
   weiterer Literaturhinweis:
   - Willy Hochkeppel, Rezension des ersten Bandes der "Schriftenreihe zur Philosophischen Praxis", in: DIE ZEIT, 25.Okt.85, S. 71
3 Spiegel, Nr. 39. 1982

Achenbach suchte eine neue Form der Philosophie. So schrieb er im Vorwort zum ersten Band der "Schriftentenreihe zur Philosophischen Praxis", er hoffe später, auf die Anfänge zurückzublicken,

> "wohlwollend selbst dann beurteilen, wenn sich aus jenen Anfängen selbst anderes und zunächst Unerwartetes entwickelt hat und der erste Schritt, wie er anfangs unternommen wurde (mit einiger Abenteuerei und dem unerläßlichen Mut, Fehler und Irrtümer zu riskieren), so nicht noch einmal wiederholt werden würde."[4]

Um die Idee seiner Philosophischen Praxis zu verbreiten, gründete er 1982 die "Gesellschaft für Philosophische Praxis"(GPP). Am "Institut für angewandte Sozialphilosophie"[5] ist er beteiligt, wahrscheinlich Anhänger der Frankfurter Schule. Daneben ist seine darüber hinausgehende Vortrags- und Publikationstätigkeit recht rege.

(2) Die persönliche Philosophie

Achenbachs Menschenbild

Der Mensch ist konstitutiv ein philosophierendes Wesen. Er philosophiert dann - d.h. er setzt sich quasi auf einer Metaebene mit seinen Gedanken auseinander -, wenn sich das eigene Denken im Kreise dreht, unlebendig erscheint und langweilig wird.

---

4 Achenbach, 1984, Vorwort
5 Hinweise auf Achenbachs Beteiligung am "Institut für angewandte Sozialphilosophie" in:
   - Einführung zu einem in **PROFIFOTO** veröffentlichten Vortrag; Vorgestellt wird Achenbach als Leiter des o.g. Instituts. Von seiner Tätigkeit als praktizierender Philosoph ist keine Rede.
   - Interview mit Bernd Guggenberger im Schwäbischen Tagblatt vom 19.01.87: Guggenberg wird neben Achenbach als einer der Leiter des o.g. Instituts vorgestellt. "In der von beiden Soziologen 1984 gegründeten Forschungsstätte sollen philosophische und soziologische Erkenntnisse zu praktischen Zulieferern für wissenschaftliche Expertisen über gesellschaftliche Probleme werden."

"Die dominanten *Grundempfindungen*, die den Menschen unter solchen Umständen *befallen*, sind *Interesselosigkeit* und *Apathie*, das *innere Gefühl* wie *ausgebrannt, die Lust zu leben* irgendwie *erloschen*, der *Antrieb, Neues* anzufangen, ist *verpufft*."[6]

Die Ursache dafür sieht Achenbach im Mangel an Bildung. Mit 'Bildung' meint er die "Frucht" von

"Aufgeschlossenheit, der Fähigkeit, überhaupt etwas Geistiges an sich herankommen zu lassen und es produktiv ins eigene Bewußtsein aufzunehmen."[7]

Achenbach ist überzeugt davon, daß nicht so sehr der Gehalt für philosophische Gespräche fehle, sondern der Geist.

Menschen suchten Orte, wo sie Probleme in gleichwertigem Gespräch bearbeiten können. "Als freies, vernünftiges Gespräch ist er /philosophischer Dialog - M.B./ notwendig *nicht therapeutisch*."[8] Im Du kann der Mensch - nach Hegel - sein Ich erkennen. Eine heilsame 'Selbstverwirklichung' ohne knechtende Rollenzuschreibung wird ermöglicht. "*Wo aber Selbstverwirklichung zum Grundsatz und Prinzip wird, rückt umgekehrt die Welt unter den Blickpunkt des einzelnen.*"[9] Institutionen, Sitten und Gesetze haben dann nur noch Berechtigung, insofern der Mensch sich darin wiederfindet.

Sorge um den Einzelnen

Die Philosophie überdauerte in einem akadamischen Ghetto, wo sie mit den Problemen, die die Menschen wirklich bedrückten, keine Berührung hatte und hat. Die Auseinandersetzung mit konkreten Problemen war der Psychologie zugefallen.
Nun hat die Philosophie im großen abgedankt. Große Entwürfe werden nicht mehr gefragt. Achenbach sieht eine neue Chance und fragt ob sie

---

6   Achenbach, Philosophie als Beruf, in: Achenbach, 1984,S.30
7   Adorno, Philosophie und Leherer, in: Eingriffe. Neun kritische Modelle, Frankfurt 1963,S.42f; zitiert nach: Achenbach,1984,S.31
8   Achenbach, Der Philosoph als Praktiker, in: Achenbach, 1984, S.6
9   Achenbach, Selbstverwirklichung, in: Achenbach, 1984, S. 120

"sofern sie als *Beraterin im großen* nicht mehr gefragt wird, zukünftig als *Beraterin im kleinen* gefragt sein könnte, als Gesprächspartnerin des *Einzelnen*? Die *Philosophische Praxis* jedenfalls ist der Versuch, eine Antwort auf diese Frage zu finden."[10]

Philosophie, wie sie im 20. Jh. betrieben wird, ist gleichbedeutend mit Geschichtsphilosophie. Es geht - nach Achenbach - um die Vernunft, die sich in der vernünftigen Geschichte zeigt und nicht um vernünftige Konstruktionen. Der individuelle Lebenslauf, der in der Philosophischen Praxis erzählt wird, kann aber nie ohne die Geschichte der Zeit erzählt werden. Die Verquickung von individuellen Problemen und allgemeinen zeigt sich in der Rekonstruktion der Lebensgeschichten. Die Enge des Selbst wird mit dieser Einsicht überschritten und es kommt Interesse für anderes auf.

Um wirklich praktisch zu werden, muß die Philosophie nun die Psychologie ablösen. Überlegen ist sie der Psychologie, wie allen theorieproduzierenden Wissenschaften überhaupt, weil sie selbst sich keiner Theorie verschreibt. Somit kann sie Theorien selbst wieder bedenken.

Die philosophische Lebensberatung ist philosophisch, da sie nicht das Problem lösen will, sondern es selbst problematisiert.

"Was hingegen diese besondere Lebensberatung *philosophisch* macht, ist ihr Reflektieren auf die Bedingungen des Prozesses, der sich, als Gespräch, zunächst nach eigener Dynamik unbewußt entfaltet".[11]

Die philosophischen Linien, auf die sich Achenbach in diesem Sinne beruft, sind Sokrates, Nietzsche, Kierkegaard, Benjamin, Simmel.

---

10 Achenbach, Philosophie als Beruf, in: Achenbach, 1984,S.26
11 Achenbach, Philosophische Lebensberatung - Kritik der auxiliaren Vernunft, in: Achenbach, 1984, S.60

> "Die Philosophische Praxis ist nicht nur Erbin einer reichen philosophischen Tradition, sondern verdankt ebenso den psychoanalytischen Theorien wertvolle Einsichten und Impulse, übernimmt also ein doppeltes Erbe und handelt sich damit Erschwerungen ein, wie sie solche Hinterlassenschaften gewöhnlich mit sich bringen; zumal die Philosophische Praxis von beiden nichts übernimmt wie übergeben."[12]

Der philosophische Dialog soll ein Gespräch unter Gleichwertigen sein. Darin drückt sich die Überlegenheit philosophischer Gespräche über psychotherapeutische aus.

> "Philosophie soll *Praxis* werden, kommunikative *Handlung*, dialogische Problem-Erkundung und -Gestaltung, was in einem Zuge die *Kritik* "verzerrter Kommunikation" ist, exemplarisch: jeglicher *"Behandlung"*."[13]

Damit stellt sie infrage, was 'Hilfe' bei bestimmten Problemen jeweils bedeuten kann: Das Erzielen eines engen, angepaßten Lebens, in dem nichts mehr drückt? Oder bedeutet Hilfe gerade, das Problem zu verschärfen?

Kommt Kritik und Spott an diesem philosophischen Vorhaben auf, ortet Achenbach sie bei den "Herren Wiener Herkunft"[14,15].

---

12 Achenbach, Der verführte Ödipus, in: Achenbach, 1985, S.86
13 Achenbach, Philosophie als Beruf, in: Achenbach, 1984,S.29
14 vgl. Achenbach, Philosophische Praxis als Chance der Philosophie in: Achenbach, 1984 S.49f
15 Johannes Cremerius, Ärztlicher Direktor der Klinik für Psychotherapie und Psychosomatische Medizin der Universität Freiburg wird in einem Artikel zu Achenbach's Praxis befragt: "/.../sieht die "große Gefahr" der Praxis à la Achenbach darin, "daß der gute Mann sich hart an der Grenze zwischen Besprechung allgemeiner Lebensprobleme und der Behandlung schwerer psychiatrischer Zustände befindet." Cremerius: "Wenn da was schiefgeht, dann zerren wir ihn vor den Kadi."", in: Spiegel, Nr.39, 1982, S.114

Lebensferner Philosoph

Den Philosophen begleitet seit langem das Bild des lebensfernen Denkers, der im Nachdenken über Anthropologie den einzelnen Menschen nicht mehr sieht. *"Die Sphäre der Begrifflichkeit begann, das Konkrete zu verdecken."*[16] Philosophen pflegen zu stolpern, wenn sie vor Konkretem stehen, das nicht mehr mit ihren Grundsatzwahrheiten und universalistischen Ansprüchen zu fassen ist und machen sich lächerlich.

Die Philosophenschulen der Griechen strahlten deshalb Faszination aus, weil sie als gemeinsame Lebens-, Denk- und Umgangsgemeinschaften organisiert waren. Sie waren offen für Künstler, Politiker und andere. Philosophische Gespräche gingen immer vom Konkreten, vom Realen aus. Im Mittelalter wurde dann hinter Klostermauern philosophiert. Die "materielle und niedere Wirklichkeit"[17] wurde weitgehend ausgeschlossen. Später, seit Mitte des 19.Jh., kamen neue Impulse stets von außerhalb der universitären Philosophie.

Die gegenwärtige universitäre Philosophie bezeichnet Achenbach als 'Kathederphilosophie' [18]. Ihr fehle die Erfahrung im emphatischen Sinne. Die sei es, die in Krisensituationen helfe, nicht Worte großer Philosophen. In der Psychotherapie wurde dies erkannt.

> "Die ethische Bedeutung der Psychologie hingegen - vor allem der Psychoanalyse, um genauer zu reden - scheint mir darin u.a. zu gründen, daß sie im emphatischen Sinne - und jedenfalls dem Anspruch nach - in ihrem Objekt das *Subjekt* erkannte/..."[19].

Philosophische Beratung[20] ist trotz allem eng mit der universitären Philosophie verwandt und könnte diese neu beleben. Universitäre Seminargruppen müßten wieder zu einer Gemeinschaft von Philosophen werden, müßten zu Orten werden, an denen jeder als ganzes Wesen sprechen kann. Bis jetzt spürt Achenbach jedoch Ressenti-

---

16 Achenbach, Vom Aufstieg und Fall des Philosophen, in: Achenbach, 1984, S.40
17 Achenbach, Herausforderung der akademischen Philosophie durch die Philosophische Praxis, in: Achenbach, 1984, S.102
18 Achenbach, Einige Probleme der Philosophischen Praxis, in: Achenbach, 1984,S.80
19 Achenbach, ebenda, S.77
20 vgl. Achenbach, Philosophische Lebensberatung. Kritik der auxiliaren Vernunft, in: Achenbach, 1984, S.60

ments, sobald der "gemeine Menschenverstand"[21] sich an die Philosophie wendet. Die "geschlossene Seminar-Gesellschaft"[22] hat Angst davor, im Gespräch mit Laien ihre Seriösität einzubüßen.

"*Kurz: Praktisch wird Philosophie im Philosophen als dem mit anderen gemeinsam dialogisch denkenden Wesen. /.../ Die Philosophische Praxis ist die akademische Philosophie, die sich der Herausforderung durch die praktische Inanspruchnahme stellt.*"[23]

Ein Umschwung ist zu verzeichnen: Nach jahrelanger Kritik an der 'Kathederphilosophie' warb Achenbach auf dem Kongreß der "Deutschen Gesellschaft für Philosophie" in Hamburg 1990 um Anerkennung der praktischen Arbeit durch die akademische Philosophie.[24]

Kritische Verwandtschaft mit der Psychoanalyse

Zwischen der Reflexivität Philosophischer Praxis und der der Psychoanalyse bestehen nach Achenbach starke Ähnlichkeiten.
So sei Jung überzeugt davon gewesen, daß die *Weltanschauung* - "als komplexes Gebilde und Gegenpol der physiologisch gebundenen Psyche"[24] letztendlich die Handlungen des Therapeuten beeinflussen. Die Weltanschauung müsse deshalb immer wieder neu überprüft werden, müsse lebendig bleiben und dürfe nicht starr werden. "Eine feste Überzeugung beweist sich in ihrer Weichheit und Nachgiebigkeit, und wie jede Wahrheit gedeiht sie am besten auf ihren zugegebenen Irrtümern." Psychotherapeuten sollten eigentlich "*Philosophen oder philosophische Ärzte*" sein und sind es nach Jung bereits. Auch er setzte sich gegen das ab, was an der Hochschule gelehrt wurde.

---

21 Achenbach, Herausforderung der akademischen Philosophie durch die Philosophische Praxis, in: Achenbach, 1984, S.102
22 Achenbach, Die Eröffnung, in: Achenbach, 1984, S.64
23 Achenbach, Herausforderung der akademischen Philosophie durch die Philosophische Praxis, in: Achenbach, 1984, S.105
24 veröffentlicht in AGORA, Dezember 1991, S.4

In Ödipus, der Schlüsselfigur der Psychoanalyse, sieht Achenbach eine weitere Verbindung zwischen Psychoanalyse und Philosophie. Ödipus ist im Grunde Philosoph, da er der Wahrheit bis an das bittere Ende auf den Grund geht.
Philosophie sucht nach möglichst vielen Interpretationen eines Komplexes. Philosophische Absicht wäre es, die psychoanalytische Theorie, die verhärtet ist und nur noch nach Bestätigung ihrer selbst sucht, zu beleben und neue Interpretationsmöglichkeiten von vermeintlich längst verstandenen Phänomenen zu finden. *"Die Philosophische Praxis ist die Psychoanalyse und als solche ihre Kritik."*[25]
Philosophischer Diskurs und Psychotherapie sind Formen von Interaktionen zwischen Menschen. Der philosophische Dialog aber ist Gegenpol zu standardisierter Ausbildung, ohne Zweckverfolgung, in dem "psychologische Einsichten/...-M.B./ zu bloßen Momenten herab/ge -M.B./setzt;"[26] sind.

Das psychotherapeutische Autoritätsgefälle

Achenbach meint, daß Psychotherapien von einem verzerrten Kommunikationsgefälle leben. Psychologischen und therapeutischen Konzepten ist gemein, daß die Anwendung einer Theorie von der Metatheorie - der unabhängig davon ablaufende Reflexion - getrennt werden.
Die Psychologie bietet für individuelle Probleme allgemeine Lösungen an, bevormundet die Klienten, weiß, was sie eigentlich sagen wollen, schreibt vor, was der Hilfe bedarf. Die therapeutischen Konzepte gehen an den individuellen Belangen vorbei. "Die Tage der letzten (der psychologischen) Bevormundung gehen zu Ende."[27]
'Philosophische Lebensberatung' dagegen kennt weder die Trennung von Theorie und Metatheorie, noch die Bevormundung mit Hilfe einer Theorie.

---

25 Achenbach, Der verführte Ödipus, in: Achenbach/Macho, 1985, S.113
26 Achenbach, Philosophie, Philosophische Praxis und Psychotherapie, in: Achenbach, 1984, S.83
27 Achenbach, Der Philosoph als Praktiker, in: Achenbach, 1984, S.5

"Die Konsequenz für beide /Philosoph und Besucher - M. B./ nämlich ist, daß sie sich jeder Sicherheit beraubt sehen, die Überzeugungen und Meinungen so gut verleihen, wie ausgehandelte und aus dem Diskussions-Verkehr gezogene - mit einem Wort: standardisierte Theorien."[28]

Unübersichtlichkeit der psychotherapeutischen Methoden

Gegenwärtig (1984) herrsche, so Achenbach, ein Boom an Therapien, die mit dem Anspruch autreten, den Einzelnen mit ihren Schwierigkeiten zu helfen. Auch Philosophische Praxis passe in den Trend individueller Beratung. Deshalb sei sofort wohlwollend auf sie reagiert worden.
Allerdings steht die Philosophische Praxis der Unübersichtlichkeit psychologischer Hilfsangebote entgegen. So fügt philosophische Beratungs-Praxis[29] sich einerseits in die Szenerie ein, andererseits hebt sie sich v.a. "durch ihre außerordentliche, unvergleichlich lange Tradition"[30] ab. Philosophische Praxis entspricht dem Bedürfnis nach einem kompetenten, verständnisvollen Gespräch bei individuellen Krisen, Unsicherheiten, Sinnverlusten. Sie ist seriös. Die Menschen können sich praktisch blind vertrauend an sie wenden, da

> "Philosophie /.../ sich nicht zu Unrecht einen Ruf besonderer Solidität, verantwortlicher Gründlichkeit und - wenn auch nicht der Weisheit, so doch - der Besonnenheit erworben"[31]

hat.

---

28 Achenbach, Philosophische Lebensberatung. Kritik der auxiliaren Vernunft, in: Achenbach 1984, S.59
29 Achenbach, ebenda, S.35
30 Achenbach, ebenda, S.53
31 Achenbach, ebenda, S.53

(3) Das Gespräch

(3.1) Was Menschen bewegt, in die Praxis zu kommen

Jeder Mensch, der zu seinem Denken oder seinen Gedanken Stellung nimmt, philosophiert. Achenbach nennt dies das 'zweite Denken'. Die Menschen geraten dabei aber oft in Verwicklungen, treten auf der Stelle, kommen nicht mehr weiter. Anlässe dazu können sein: Ehekrisen, scheiternde Selbstverwirklichungsansprüche, Gefühl von Sinnlosigkeit, Überforderungen durch innere oder äußere Erwartungen oder das Gefühl, die einzelnen persönlichen Anteile nicht zu einem Ganzen integrieren zu können. "Und hier liegt nun klassischerweise der Ansatz philosophischen Denkens, allerdings nachdrücklicher noch der Philosophischen Praxis."[32]

(3.2) Die Gesprächspartner

"Philosoph ist der, der erkennen muß, *weil* er lebt."[33]

Der Betreiber

Üblicherweise wird ein Beruf im doppelten Sinne honoriert: durch Anerkennung und Bezahlung. Achenbach will Philosophie jedoch von grundlegenden marktwirtschaftlichen Mechanismen ausschließen. Philosophie soll sich einer Bedarfsdeckung verschließen, diese vielmehr hinterfragen.
Die Berechtigung, als Berater trotzdem ein Honorar zu verlangen, zieht Achenbach aus der Tatsache, daß er als Philosoph über mehr Kenntnisse verfügt. Allerdings muß er dem Besucher gegenüber ebenbürtig sein, insoweit "er selbst für das, was er denkt, einsteht"[34]. Das von Achenbach kritisierte therapeutische Gefälle wird durch diesen Anspruch aufgehoben.
Nun scheuten sich aber Philosophen, sich als solche zu bezeichnen.

---

32 Achenbach, Der Philosoph als Praktiker, in: Achenbach, 1984,S.7
33 Achenbach, Philosophie nach Tisch, in: Achenbach, 1984,S.21
34 Achenbach, Der Philosoph als Praktiker, in: Achenbach, 1984 S.10

Diese Scheu resultiert aus dem Zwiespalt, einerseits die Philosophie zu überschätzen und andererseits die eigenen Fähigkeiten zu unterschätzen. Solange diese Diskrepanz besteht, kann ein Philosoph nicht in die Praxis gehen, da er nicht glaubwürdig wirken wird.
Die eigene Unterschätzung entsteht nur bei einer bestimmten Art von Philosophie: bei der Philosophie, die vorschreibt, was wahr ist, dies "verschreibt" und es zugleich noch nirgends verwirklicht sieht. Mit einer solchen Philosophie wäre allerdings die Philosophische Praxis undenkbar - unverantwortlich. Aber diese Art von Philosophie ist Vergangenheit.

In besonderer Weise sind Philosophen zur Aufdeckung lavierter Probleme geeignet, da sie "Erben der "verrücktesten" Gedanken, der "verstiegensten" Ideen, der "ausgefallensten" Einfälle und vertraut mit deren innerer Vernünftigkeit und Plausibilität"[35] sind. Nicht gefordert sind die praktizierenden Philosophen als Lehrer, gefragt nur als Philosophietreibende.

"Philosophie im Sinne eines besonderen Berufes: das kann und darf..nichts anderes bedeuten als die Bereitschaft, die Fragen, die aus dem Leben selbst kommen, in die Form einer Ausdrücklichkeit zu überführen und sie solchermaßen zu radikalisieren, das heißt, bis auf ihre Wurzeln zurückzugehen und sie von diesen her zu reflektieren."[36]

Doch besitzt nicht jeder, der Philosophie studiert, schon die Kompetenz, eine Philosophische Praxis zu betreiben. Das Studium allein macht noch keinen Philosophen. Doch ermöglicht das Studium der Philosophie, anders als das Studium anderer Disziplinen, die auf Theorien festgelegt sind, ein lebendiges konkretes Denken.

Der Philosoph hat selbst das Bedürfnis erfahren, zu philosophieren und zu hinterfragen. Er kann deswegen nachempfinden, daß es anderen, z.B. seinen Gesprächspartnern, ebenso geht. Gleichzeitig schützt ihn das ständige Hinterfragen davor, andere indoktrinär zu beeinflussen.

---

[35] Achenbach, Die Eröffnung, in: Achenbach, 1984, S.67
[36] Schulz Walter, zitiert nach Achenbach 1984, S.23

"Ich denke, damit unauffällig einen *Grundsatz philosophischer Beratung* formuliert zu haben, der zugleich - und das ist wesentlich - der Grundsatz philosophischer Erkenntnis überhaupt sein dürfte: sie gedeihen einzig auf dem Boden unbeschränkter Freiheit."[37]

Damit ist philosophische Beratung zu Toleranz verpflichtet.

Der Philosoph muß empathisch noch beim Kleinsten dabei und am Konkreten orientiert sein. Hier knüpft Achenbach an die Philosophen an, die das Gefühl und die Lebenswelt mitberücksichtigen und vom Individuum ausgehen (s.o.). Indem der Philosoph sich dafür interessiert, was der Gesprächspartner sagt, indem er ihn verstehen will, erfährt er die Widersprüche des Erzählten selbst. Die Geschichte kommt in Bewegung. Der Philosoph wird vom "hermeneutischen Eros"[38] geführt und wirkt als Katalysator.

Gleichzeitig muß der Philosoph sich selbst gegenüber jedoch so viel Sensibilität aufbringen, daß er einschätzen kann, ob er sich einem anderen Menschen als Gesprächspartner zumuten kann.

Und bei allem muß der philosophische Berater verständlich sein. Nach Achenbach kann sich nur der verständlich zu einem Problem äußern, den dieses Problem selbst betrifft und betraf und der eingesehen hat, daß es ungelöste philosophische Probleme gibt.

Der Besucher

Es werden Besucher erwartet, die philosophisches Verständnis für Tatsachen und Ereignisse haben, nicht unbedingt Verständnis für Philosophie. Nach zwei Jahren Erfahrung berichtete Achenbach 1983, daß alle, die sich bis dahin an sein Institut gewandt hatten, Probleme mit sich und nicht mit der Philosophie hatten.

---

37 Achenbach, Philosophische Lebensberatung, in: Achenbach, 1984, S.58
38 Achenbach, Der Philosoph als Praktiker, in: Achenbach, 1984, S.10

Oft kommen Personen, die bereits in psychologischer oder psychoanalytischer Therapie waren und sich danach 'devitalisiert'[39] fühlten. Achenbach führt dies auf die psychotherapeutische Gesprächsführung zurück. Echte Kommunikation wird verhindert, weil stets eine verborgene Rede hinter der gesprochenen vermutet wird. Es kommen Menschen, die ahnen, daß die Philosophische Praxis vielleicht die letzte Zufluchtsstätte für grundsätzliche Fragen ist.[40]

> "Das besondere Bedürfnis, das diesen Trauernden in die Philosophische Praxis geführt hatte, war nun die Erwartung, beim Philosophen die Kraft und Besonnenheit zu finden, die Fragen nicht loswerden zu wollen, weil sie unlösbar sind. Er erwartete keine Antworten auf seine Fragen - die waren ihm längst alle unerträglich und suspekt geworden -, er erhoffte sich aber in der Philosophischen Praxis die Gelegenheit, seine Fragen aussprechen, bedenken und ernst nehmen zu können."[41]

Menschen wissen, daß es auf bestimmte Fragen - warum Leid, Tod und Ungerechtigkeit existieren - keine letztgültigen Antworten gibt. Die Vorstellung, daß Philosophiegeschichte eine Anhäufung von Antworten auf ungelöste Fragen anderer Wissenschaftsbereiche ist, stimmt nicht. Menschen kommen in die Praxis und wollen keine Ratschläge oder Antworten auf ihre Fragen.

---

39 Achenbach, ebenda, S.9
40 vgl. Achenbach, Der Philosoph als Praktiker, in: Achenbach, 1984, S.62
41 Achenbach, Philosophie, Philosophische Praxis und Psychotherapie, in: Achenbach, 1984, S.91

(3.3) Die Gesprächssituation

Ein Konzept, eine diskutierbare Theorie, gibt es nicht, höchstens eine Konzeption.
"Die Philosophische Praxis ist ein freies Gespräch."[42] Achenbach meint damit, daß im Gespräch das Denken in Bewegung gesetzt wird und keine fertigen Anweisungen oder Rezepte gegeben werden. Das Gesagte wird ernst genommen. Es wird versucht, Kohärenz zwischen den Äußerungen herzustellen. Widersprüche werden nicht abgetan, sondern es wird nach richtigem Verstehen gesucht[43]. Zu Feinden des philosophischen Dialogs erklärt Achenbach die "voreilige Überzeugung, die kalte Richtigkeit und die seelenlose Wahrheit".[44] Einfühlungsvermögen, Empathie ist gefragt.

Der "erste Zug" im philosophischen Dialog wird vom Besucher ausgeführt. Der Philosoph reagiert, "zieht nach". Die Eröffnung geschieht meistens mit einem Problembericht.
Der Anlaß für einen Besuch ist das Leiden an einem Symptom.

> "Als das *Fremde an mir*, bietet es sich als das erste an, was dem Menschen mitteilbar ist. Es ist zugleich das *larvierte* Problem, das, als Ohnmacht erlebt, ebenso die Macht ist, den anderen um die Macht zu bringen: so findet es (in aller Regel jedenfalls) zunächst, wessen es am dringlichsten bedarf: Schonung, Zurückhaltung, Urteilsdispens und Anteilnahme."[45]

Alleine im philosophischen Gespräch kommt das Symptom zu Wort, da Freiheit und Unbestechlichkeit bestehen.
Ganz allgemein gesagt, kommen die Besuchenden mit irgend etwas nicht zurecht. Sie erzählen zunächst, was sie irritiert, quält oder belästigt. "Der Philosoph wird in der Praxis nicht gefragt: "Was ist Glück?" - sondern ihm wird von Unglück berichtet."[46].

---

42 Achenbach, Philosophie als Beruf, in: Achenbach, 1984,S.32
43 vgl. Achenbach, ebenda, S.33
44 Achenbach, ebenda, S.33
45 Achenbach, Die Eröffnung, in: Achenbach, 1984, S.66
46 Achenbach, ebenda, S.65

Für den weiteren Gesprächsverlauf erwies sich argumentatives Vorgehen als unfruchtbar. Denn Argumente zeigen keine Wirkung, wenn sie auf Gefühle treffen und nicht wieder auf Argumente.

Das konkrete Vorgehen in einem Gespräch will Achenbach nicht beschreiben, da der Verlauf der Gespräche nicht schematisierbar sei.

> "Am ehesten läßt sich unspezifisch sagen, jede philosophische Beratung, sofern sie glückt, sei der Beginn einer individuellen philosophischen Erfahrungs-, Einsichts- und Selbstveränderungsgeschichte, deren Verlauf nicht von gesetzten Zielen, sondern vom jeweils im Gespräch erreichten "Stand der Wahrheit" bestimmt wird."[47]

(3.4) Das Ziel

Der praktizierende Philosoph soll das festgefahrene Denken seiner Besucher neu beleben, indem er weiterdenkt, entwirrt und neue Ansichten bringt. Die Philosophie wendet sich damit dem konkreten Leben zu. Sie richtet den Blick, der von der Kantschen Frage "Was soll ich tun?" bestimmt war, nach vorne.
Idealerweise erscheinen dem Besucher im philosophischen Dialog die eigenen Erinnerungen als erzählbare, zusammenhängende Biographie. Der bisherige Lebensweg gewinnt an Überschaubarkeit und Schlüssigkeit. Unter dieser Voraussetzung kann er anerkannt oder in Frage gestellt werden.

> "/.../ im Ergebnis *öfters* das Verstummen einer alten Leier, das Zur-Ruhe-Legen einer abgegriffenen Thematik und das Spinnen eines neuen, roten Fadens, der *über den gelebten Augenblick hinaus Motiv* sein könnte, das ein Leben Richtung-gebend innerlich durchzieht und allezeit begleitet, den Lebens*lauf* zum Lebens*weg* gestaltet."[48]

---

[47] Achenbach, Der Philosoph als Praktiker, in: Achenbach, 1984, S.10
[48] Achenbach, Philosoph als Beruf, in: Achenbach, 1984, S.33

Die praktizierenden Philosophen müssen das Gegebene mit der Wahrheit ins Verhältnis bringen. D.h., individuelle Erlebnisse müssen in größere geschichtliche Zusammenhänge gestellt werden. Der Philosoph hilft bei der Vermittlung des Erfahrenen mit dem, was vom Besucher gesucht wird.

"Für sich selbst das Wesentliche, hat sie gleichwohl an sich selber nicht genug, bedarf sie des anderen, um im Gespräch mit ihm sich zu erproben, zur "konkreten Allgemeinheit" zu werden."[49]

Achenbach will die Selbstverwirklichung seiner Besucher unterstützen. Unter 'Selbstverwirklichung' möchte er die Verwirklichung des 'Noch-Nicht' in der Geschichte verstanden wissen. Gegen pädagogische, therapeutische, philosophische und theologische Manier setzt er sich ab. Alle Disziplinen haben nämlich Bedenken gegen die Selbstverwirklichungstendenzen in unserer Zeit. 'Selbstverwirklichung' wird dabei als Aufholen eines Verlustes unter der Bedingung der Unterordnung unter die Allgemeinheit verstanden. Mit dieser Negativ-Einstellung kann 'Selbstverwirklichung' schnell pathologisiert werden.

(4) Der Kommentar

Achenbachs Stil

"Eine solche Philosophie wäre übrigens auch der Versuch, die Einseitigkeit philosophischer Maskulinität zu überwinden, wie sie für die eingewöhnte Seminar-Philosophie charakteristisch ist (seminarium = Pflanzschule, urverwandt mit "Samen" und "säen" = ausstreuen, seinen Samen fallen lassen) - die will schwängern und wüßte nicht, wie sie selbst geschwängert werden könnte. Dafür fehlt ihr das Organ."[50]

---

49 Achenbach, Philosophie, Philosophische Praxis und Psychotherapie, in: Achenbach, 1984, S.92
50 Achenbach, Einige Probleme der Philosophischen Praxis, in: Achenbach, 1984, S.80

Nicht nur in obigem Zitat kommt Achenbachs Wohlgefallen an schönen Worten zum Ausdruck. Das Lesen der Texte wird dadurch zum Wortgenuß. Nur leidet manchmal die Sachlichkeit und Informativität der Vorträge und Essays. Wohl gemerkt, meine Kritik richtet sich nicht gegen ästhetische Sprachverwendung, sondern gegen unklare. Dies möchte ich an seinem Essay "Die Eröffnung"[51] darlegen. In diesem Essay verwendet er den Begriff 'Eröffnung' in unterschiedlichen Bedeutungen, obgleich die Überschrift mit bestimmtem Artikel vor dem Substantiv eine eindeutige Referenz annehmen läßt. Der Textanfang läßt vermuten, daß die Eröffnung einer Philosophischen Praxis behandelt wird. Nach zwei Seiten schreibt Achenbach das erste Mal explizit von der 'Eröffnung der Philosophischen Praxis', meint damit aber die Eröffnung eines philosophischen Dialogs in der Philosophischen Praxis. Eine Seite weiter das nächste Puzzlesteinchen: Ein Besucher 'eröffnet' dem Philosophen gegenüber ein Problem. Im gesamten Essay kein Wort zur Eröffnung einer Philosophischen Praxis. Zu einer Zeit, in der noch großer Aufklärungsbedarf über Theorie, Konzeption, Arbeit und Erfahrung praktizierender Philosophen besteht, enttäuscht dieser Artikel zu Recht bestehende Erwartungen.

Zu Achenbachs Psychotherapiekritik

Über lange Strecken beschäftigt sich Achenbach mit Psychoanalyse. In der Nachbemerkung zu einem Traumbericht[52] schreibt er, daß vor allem über das Verhältnis von Philosophischer Praxis und Psychoanalyse Aufklärung verlangt wird. Bei genauerem Hinsehen wird deutlich, daß es Achenbach nicht um eine Abgrenzung gegen Denkweise und Theorie der Psychoanalyse geht - so wie anderen praktizierenden Philosophen. Was Achenbach kritisiert sind einige Theorieteile der Psychoanalyse und dann vor allem die Praxis der Psychoanalyse, die Vereinnahmung durch den medizinischen Apparat mit allen damit verbundenen unmenschlichen Verhältnissen.

---

51 Achenbach, Die Eröffnung, in: Achenbach, 1984, S. 63
52 AGORA, 5/6, Januar 1989

Achenbach will meiner Ansicht nach zeigen, daß er der bessere Psychoanalytiker ist. Mit seiner Praxis grenzt er sich gegen die Berufsgilde der Psychohelfer ab, vereinnahmt aber inhaltlich - wie ich später zeigen werde - die psychoanalytische Denkweise - soweit sie in seine Theorie paßt - und bezeichnet sie in unredlicher Weise als 'philosophisch'. Mit Spott setzt er sich von den Methoden herkömmlicher Psychoanalytiker ab.

> "Als sich (nach gut einer Stunde) eine kleine Unterbrechung des Gesprächganges ergab und wir - zum Ausklang des Bisherigen - eben dabei waren, über die therapeutischen Allüren und Manieren der Psychohelfer zu spotten (wozu uns ja der Brief des Prof. R. einigen Anlaß gegeben hatte), meinte ich: "Wenn ich jetzt ein richtiger Therapeut wäre, mit dem dazugehörenden sanftemsten Gesicht und der still-bohrenden Beharrlichkeit mein Verhör führte, dann würde ich jetzt fragen: 'Was fällt Ihnen /.../`."[53]

Auf dem Felde der Traumdeutung bewegt sich Achenbach recht selbstverständlich. In seinem ersten Praxisbericht, veröffentlicht in AGORA[54], gibt er eine Traumdeutung wieder. Anhand eines solchen Berichtes seien die feinen Unterschiede zwischen Philosophischer Praxis und Psychoanalyse zu verdeutlichen. So sei an seinem Gespräch philosophisch, daß er es ausklingen lasse und nicht wie ein Psychoanalytiker abrupt beende!

Worin weitere Unterschiede bestehen sollen, geht aus dem Bericht nicht hervor. Achenbach "kennt" in derselben Eindeutigkeit bereits die Bedeutung des Traumes und geht von festen Deutungsmustern aus, wie er es an anderer Stelle den Psychoanalytikern vorwirft.

Das für mich überzeugende Charakteristikum eines philosophischen Dialogs - die Einbettung der individuellen Geschichte in größere geschichtliche Zusammenhänge - stellt Achenbach im Bericht selbst nicht dar. Lediglich im Nachwort erwähnt er diesen Aspekt als einen zu erfüllenden.

---

53 ebenda S.4
54 AGORA, 5/6, Januar 1989

Achenbach wettert gegen Richtungen der Psychotherapie, die philosophische Elemente mitberücksichtigen. Diese seien stümperhaft. Er greift damit Therapiekonzepte, wie das von Frankl, an, das auf Erfahrung aufbaut und aufgrund von Erfahrung immer wieder verändert wurde. Achenbach hingegen steht mit noch relativ neuer und nicht schlüssiger Konzeption und vergleichsweise geringer Praxiserfahrung da. Natürlich ist klar, daß das Erfahrungsargument kein qualitatives sein muß und längere Praxis nicht gleichzeitig bessere Praxis bedeutet. Wird Erfahrug jedoch nicht in rechthaberischer Weise zur Durchsetzung einer Meinung, sondern in korrigierender Weise zur Theorieveränderung eingesetzt, gewinnt sie an Bedeutung. Achenbach selbst will seine fehlende Erfahrung mit dem Argument aufholen, daß die philosophische Disziplin der psychologischen größere Erfahrung voraushabe, da sie geschichtlich älter ist. Dieses Argument, so könnte Achenbach entgegnet werden, impliziert keineswegs zugleich größere praktische Erfahrung. Vermutlich könnte da die Psychologie, als angewandte Wissenschaft, mehr nachweisen.

In der Geringschätzung von Psychotherapien wird Achenbach noch grundsätzlicher. Sie seien überhaupt nicht mehr gefragt. Das leitet Achenbach aus dem Entstehen von Selbsthilfegruppen ab. Dabei gilt es jedoch zu bedenken, daß Selbsthilfegruppen zum einen den Anspruch der Laienhilfe besitzen und zum anderen als Zusammenschluß Gleichbetroffener gedacht sind. Selbsthilfegruppen sind professionellen Therapieangeboten gegenüber kritisch, lehnen sie jedoch nicht ab. Einige Selbsthilfegruppen suchen die Kooperation mit Fachpersonen. Achenbachs Schlußfolgerung, die Existenz dieser Gruppen sei ein Zeichen für einen allgemeinen Therapieüberdruß, ist so nicht richtig.

Das Erbe der Psychoanalyse

Selbst noch ohne Konzept, setzt Achenbach *die Philosophische Praxis als Erbin* von Philosophie, Psychologie und Psychoanalyse ein. Er will Traditionen weiterführen, die er an anderen Stellen als grundsätzlich stümperhaft hinstellt.
In welchem Sinne versteht er sich als Erben? Die Psychoanalyse qualifiziert Achenbach als subjektive Theorie ab. Er konzentriert sich in seiner Kritik auf den Ödipuskomplex, dessen zentrale Stellung in der Psychoanalyse und dessen von Achenbach vermuteten Entstehung aus der Persönlichkeit Freuds. Die Überbetonung des Ödipuskomplexes in der Psychoanalyse kann Achenbach nicht übernehmen. Anna Freud hatte das Aufgeben der Theorie des Ödipuskomplexes mit der Aufgabe der Psychoanalyse gleichgesetzt. Und allein in diesem Sinne versteht Achenbach sich nicht als Psychoanalytiker!

> """Die Annahme unbewußter seelischer Vorgänge, die Anerkennung der Lehre vom Widerstand und der Verdrängung, die Einschätzung der Sexualität und des Ödipuskomplexes sind die Hauptinhalte der Psychoanalyse und die Grundlagen ihrer Theorie, und wer sie nicht alle gutzuheißen vermag, sollte sich nicht zu den Psychoanalytikern zählen."(G.W.13,S,223) - So vor ein letztes Entweder-Oder gestellt, hat sich der Verf. einzugestehen, daß er nicht zu den Psychoanalytikern "zählt.""[55]

Dieses Zitat stammt aus einer Fußnote eines Artikels. Achenbach befreit sich damit relativ unbemerkt in einem Rund-um-Schlag von allen Verpflichtungen der Psychoanalyse! So kann er sich psychoanalytischer Methoden bedienen, sich ansonsten aber frei bewegen.
Für die Praxis übernimmt Achenbach also psychoanalytische Deutungsweisen, benutzt lediglich andere Deutungsmuster als Freud. Daß seine Deutungsmuster ebenfalls persönlichkeitsabhängig sein könnten, problematisiert er nicht. Ob er sich als Philosoph vor Übertragungen sicher fühlt?

---

[55] Achenbach, Der verführte Ödipus, in: Achenbach, 1985, S,123, Anm. 23

In obigem Traumbericht schreibt Achenbach von der Selbstdeutung seiner Träume. "Dazu ein kleiner Exkurs: Mir ist bei der Deutung eigener Träume, wie in der Beschäftigung mit den Träumen anderer /.../"[56] Nicht nur, daß er mit den eigenen Deutungsmustern selbstverständlich arbeitet, geht er ganz unbekümmert, ohne das Problem subjektiver Wahrnehmung zu beachten, mit seinen eigenen Träumen um.

Das Erbe der Philosophie

Den Philosophen, auf deren Vorgaben sich Achenbach beruft, ist eine Abwendung von alleiniger Vernunft, Metaphysik, etc. hin zur 'Lebenswelt'[57] gemein. Es geht nicht darum, *"über* das Konkrete zu philosophieren, sondern *aus* dem Konkreten heraus."[58] Gegen Kants Vernunftsphilosophie grenzt Achenbach sich ab. In den philosophischen Dialog will er das Gefühl mithereinnehmen ('die Vernünftigkeit des Gefühls'[59]). Allerdings führen Nietzsche, Benjamin und andere die Auseinandersetzung mit der Lebenswelt auf einer solch abstrakten Ebene, daß eine Übertragung auf das Einzelgespräch sicher nicht direkt möglich ist. Zumindest fehlt dafür der Nachweis.

Auch andere philosophische Gedankengänge sind nicht sehr klar. "Was uns überliefert ist, das mag "an sich" wohl wahr sein, doch ist es damit nicht auch schon *für* uns das Wahre."[60] Was bedeutet dies für ein philosophisches Gespräch bei ihm? Das Thema 'Wahrheit' wird vermutlich ein wichtiges sein. Er bleibt aber philosophisch undurchsichtig. Vielleicht meint Achenbach, daß seine Besucher von ihm keine Wahrheiten erwarteten. Sie wissen, daß es keine letztbegründeten Wahrheiten gibt.

---

56 Achenbach, Eine Traumdeutung (Erster Praxisbericht), in: AGORA, 5/6, Januar 1989, S.2
57 Achenbach nennt Nietzsche, Benjamin, Kierkegaard, Simmel u.a.
58 Achenbach, Der Philosoph als Praktiker, in: Achenbach, 1984, S.8
59 Achenbach, ebenda, S.8
60 Achenbach, Philosophische Lebensberatung - Kritik der auxiliaren Vernunft, in: Achenbach, 1984, S.60

Falls diese Einschätzung richtig sein sollte, schließe ich, daß Achenbach nur mit Menschen zusammenkommt, die auf jeden Fall schon erfahren haben, daß es keine letzte Wahrheit gibt. Dieses Wissen als Gemeingut anzunehmen, halte ich für problematisch. Die Existenz von Sekten und anderen irrationalen Formen der Heilserwartung widersprechen dem.

Dann fordert Achenbach an anderer Stelle, daß die praktizierenden Philosophen das Gegebene mit der *Wahrheit* in Verbindung bringen müßten. Um diese beiden Standpunkte - Relativität letzter Wahrheiten und *die* Wahrheit - miteinander zu vereinen, nehme ich an, daß er von verschiedenen Bedeutungen des Begriffs 'Wahrheit' ausgeht und im zweiten Fall die Vermittlungsaufgabe der Philosophen anspricht: Einordnen der individuellen Lebensgeschichte in die gegenwärtige Wahrheit - im Sinn von gegenwärtiger geschichtlicher, sozialer etc. Wirklichkeit.

Die Realität in der Praxis

Wenn der praktizierende Philosoph bestimmte persönliche Voraussetzungen erfüllt, wird er sich automatisch klug in den Gesprächen verhalten: Entweder man hat´s oder man braucht´s gar nicht zu probieren.

Zu den notwendigen Voraussetzungen zählt er Erfahrungen mit Themen, die verständliches Reden erst ermöglichten. Zu bedenken ist jedoch, daß dies nur eine mögliche Voraussetzung für verständliches Reden ist und daß es Strategien gibt, sich mehr oder weniger verständlich zu äußern. Achenbach unterscheidet selbst, ohne es jedoch zu explizieren, zwei Typen von verständlicher Rede: 1) "logisches Reden" - wie ich es nennen will -, weil man das Problem verstanden hat, ohne es unbedingt erlebt haben zu müssen, und 2) "anschauliches Reden", weil man das Problem verstanden hat und zudem in der Lage ist, sich verständlich zu äußern. Im letzteren Fall sehe ich durchaus Möglichkeiten, Fertigkeiten zu erwerben. Ich möchte nur auf die Didaktikliteratur, Untersuchungen über Verständlichkeit etc. hinweisen. Achenbach selbst scheint in letzter Zeit seine Meinung über Lehrbarkeit von Gesprächsstrategien zu korrigieren. So kündigte er für ein Ausbildungsseminar für philosophische Praktiker die Bearbeitung technischer Fragen, wie z.B. Methode der Gesprächsführung an[61].

Außer der Fähigkeit, sich verständlich zu machen, ist Empathie in der Philosophischen Praxis notwendig. Verständlich ist dann, warum Achenbach annimmt, ein Philosophiestudium reiche als Qualifikation noch nicht aus. Wissen allein, ohne Mitgefühl und ohne Einfühlsamkeit verhindert den philosophischen Dialog, wie er Achenbach vorschwebt.

Was die Annahme über den Verlauf von Gesprächen angeht, zeigt sich ebenfalls eine gewisse "Urwüchsigkeit": Der Verlauf eines Gespräches orientiere sich nicht an Zielen, sondern ergebe sich. Er übersieht, daß er durchaus Gesprächsziele angibt. Zur Verdeutlichung meiner These unterscheide ich in formale und konkrete Ziele. So würde ich die Formulierung 'ein glückliches Leben' als formale Zielformulierung beschreiben und 'einen Arbeitsplatz finden' als konkrete. In Achenbachs Schriften finden sich viele formale Zielformulierungen: sich durch ein Gespräch Erleichterung verschaffen, durch Zuhören Bestärkung erreichen, durch einfühlendes Verstehen Zusammenhänge der individuellen Lebensgeschichte erkennen etc. So ziellos, wie er es nach Konzept gerne sein möchte und vorgibt zu sein, ist er nicht.

Achenbachs Darlegungen sind geprägt von der Kritik an der Psychoanalyse und der Kathederphilosophie; eindeutig zuhörerorientiert - was Widersprüche nicht vermeiden läßt -; versehen mit Gleichgültigkeit stringenter Argumentation gegenüber und fehlender Konzeption. Vielen Argumenten, Hinweisen und Analysen ist zuzustimmen. Allerdings ergeben sich damit erst Teile eines noch ausstehenden Gesamtentwurf.

> "/.../ denn so, wie /.../ der Begriff Philosophischer Praxis *noch nicht* zureichend entwickelt ist und *noch* jener klaren Kontur entbehrt /.../"[62]

---

61 vgl. dazu Achenbach, Einladung zu einem Ausbildungsseminar "Philosophische Praxis" vom 12.6.89
62 Achenbach, Philosophie, Philosophische Praxis und Psychotherapie, in: Achenbach, 1984, S.82

2.2. Dr. Steffen Graefe[1,2]

> Darum sollten sich Philosophen nicht zu "fein" fühlen, sich von den gesellschaftlichen Ansprüchen herausforden, ja auch "verzwecken" zu lassen. Indem die Philosophie darüber hinaus auf eine generelle Sicht der Wirklichkeit zielt, geht sie über alle Verzeckung hinaus. /.../ "Philosophische Praxis" ist die Bezeichnung für einen solchen Einsatz des philosophischen Potentials in die soziale Wirklichkeit.[3]

(1) Zur Person

Graefe betreibt seit 1983 in Hamburg das "Kleine Atelier für Philosophische Praxis". Mit der praktischen Philosophietätigkeit hatte er 1982 begonnen. Er ist Mitbegründer der "Gesellschaft für Praktische Philosophie"[4]. Wegen "monopolistischer Tendenzen dieser Gesellschaft"[5] trat er jedoch 1984 wieder aus. Zwei Jahre später rief er die gemeinnützige Gesellschaft "Philo - Sophia" - Gesellschaft für philosophische Bildung, Forschung und Lehre e.V. - ins Leben. Ihr steht er als Vorsitzender vor.

---

1 verwendete Literatur von und über Graefe:
   - Graefe Steffen, persönlicher Brief vom 19.05.89
   - Graefe Steffen, Vortragsprogramm für Mai, Juni, Juli '89
   - Graefe Steffen, Was heißt Philosophische Praxis?, Privatdruck, Hamburg, 1989
   - Graefe Steffen, Philosophische Selbstverwirklichung - Vom Ethos einer Philosophischen Praxis, in: Witzany (Hrsg.), Zur Theorie der Philosophischen Praxis, Essen 1991
2 außerdem erschienen, in dieser Arbeit jedoch nicht verwendet:
   - Graefe Seffen, Artikel über "transpersonale Psychologie" in "psychologie heute", April 1989
   - Graefe Steffen, Der gespaltene Eros - Platons Trieb zur 'Weisheit', überarbeitete Fassung seiner Dissertation, Peter-Lang-Verlag, Frankfurt, 1989
3 Graefe in: Witzany (Hrsg.)1991, S.53
4 vgl. Ausführungen über Achenbach
5 Graefe, Privatdruck 1989, S.6

Im September 1990 veranstalteten die Mitglieder dieser Gesellschaft einen Kongreß mit dem Thema "Eros-Liebe-Sexus - Menschliche Begegnungen im Spiegel der Philosophie", wozu alle "freischaffenden Philosophen"[6] eingeladen wurden.[7]
Graefe studierte Philosophie, Indiologie, Religionswissenschaften, einige Semester Germanistik und Pädagogik.
1987 promovierte er mit dem Thema: "Der gespaltene Eros - Platons Trieb zur 'Weisheit'". Diese Arbeit erschien 1989 in überarbeiteter Fassung.[8]
Journalistische Tätigkeit, der Vorsitz von "Philo - Sophia" und philosophische Vortragstätigkeit bilden Graefes Arbeitsschwerpunkte.

(2) Die persönliche Philosophie

Grundlegende Gedanken zu seiner Philosophie, die auch in seiner Praxis zum Tragen kämen, legt Graefe in den mir zugesandten Texten nicht dar. Dies holte er in einem Essay nach, das er als Antwort auf die von mir hier[9] aufgeworfenen Fragen, verfaßte.[10] Vielmehr befaßt er sich in seinen Schriften direkt mit dem Thema Philosophische Praxis.
Graefe setzt für ein philosophisches Gespräch voraus, daß Menschen in der Lage sind, sich zu verändern und eine eigenständige Haltung zu finden - auch wenn viele das nicht wollten oder könnten.
Seine Dienste bietet Herr Graefe auf dem Programmzettel für seine Vortragsreihen an:

---

6   Graefe, Brief vom 19.05,89
7   In den Vortragsthemen und -formen gelang es den Referentinnen und Referenten tatsächlich größtenteils auf eindrucksvolle Weise von abstrakten Vorträgen wegzukommen und für einen ehrlichen Dialog mit der Zuhörerschaft offen zu sein.
8   Graefe, 1989
9   Die vorliegende Arbeit lag Herrn Graefe in der ersten Fassung als Magisterarbeit vor.
10 Graefe 1991

"Dr. phil. Steffen Graefe bietet auch persönlich beratende Gespräche bei allen Sinnfragen, kommunikativen Problemen oder zur Entwicklung einer eigenständigen Lebensphilosophie..."[11].

Im Einzelgespräch will er Selbsterfahrung bzw. Selbsterkenntnis ermöglichen. Diese philosophische Beratung faßt Graefe ausdrücklich als Teilbereich einer Philosophischer Praxis auf.

"Philosophische Praxis beginnt dort, wo kreative Denk-Prozesse stattfinden und zugleich eine offene und kritisch-reflektierte Auseinandersetzung stattfindet über die eigenen Denk- und Gefühlsgewohnheiten."[12]

Dies muß nicht nur im philosophischen Dialog geschehen, sondern kann durchaus auch in experimentellen Ausdrucksfomen wie Performance, gespieltem sokratischen Dialog anstelle eines Vortrages etc. zu Wort kommen.

Philosophische Praxis ist noch ein Pionierprojekt. Es liegt bisher keine einheitliche Konzeption vor. Deshalb - so Graefe -, sei sie von der Persönlichkeit des Philosophen abhängig. Den Philosophen haftet noch immer das Image des "weltfremden Spinners"[13] an. Die Öffentlichkeit müsse deshalb mit großer Behutsamkeit vom Gegenteil überzeugt werden. Dazu gehört, daß er selbst nicht vorschnell publizieren und Werbung betreiben will. Philosophische Praxis ist kein Gewerbe, um schnelles Geld zu verdienen.

Für Graefe steht die Tätigkeit in der Philosophischen Praxis nicht in Konkurrenz mit Therapien, sondern ist eine Ergänzung, in der Menschenbilder der Psychotherapie reflektiert werden, die wiederum selbst philosophischen Ursprungs sind. Ob Menschen psychotherapeutische oder philosophische Beratung anzuraten ist, hängt von der Problemlage der Klienten ab:

---

11 Graefe, Vortragsprogramm Mai, Juni, Juli 1989
12 Graefe, Privatdruck 1989, S.1
13 Graefe, Brief vom 19.05.89

"Eine Psychotherapie ist solchen Menschen zu empfehlen, die sich in ihren Problemen hilflos verstrickt fühlen und nach handfesten Ratschlägen suchen, d.h. Menschen, die sich durch ihre Problematik entmündigt fühlen"[14].

Für tätige Hilfe fühlt er sich als Philosoph nicht zuständig.
Mit seinen theoretischen und methodischen Anleihen grenzt Graefe sich gegen das "Konzept der Konzeptlosigkeit"[15] von Achenbach ab.

(3) Das Gespräch

(3.1) Was Menschen bewegt, in die Praxis zu kommen

Die Besucher kommen aus sehr unterschiedlichen Gründen. Die einen möchten über ihr seelisches Leiden sprechen, andere über intellektuelle Fragestellungen. Die meisten Besucher leiden an der "Normalität"[16], fühlen sich beengt durch das "Realtitätsprinzip"[17] und durch die Konsumgesellschaft in ihren kreativen Entfaltungsmöglichkeiten behindert. Graefe hilft dann bei der Formulierung einer eigenständigen Weltanschauung, diskutiert mit seinen Besuchern deren selbstverfaßte Texte und unterstützt die Herausarbeitung und Lösung bedrückender Probleme.

---

14 Graefe, Privatdruck 1989, S.2
15 Graefe, ebenda, S.2
16 Graefe, ebenda, S.5
17 Graefe, ebenda, S.5

(3.2) Die Gesprächspartner

Der Betreiber

Der Philosoph selbst vollzieht eine Dienstleistung. Achenbachs Forderung nach einem freundschaftlichen Verhältnis hält Graefe für "Augenwischerei"[18]. Tatsächlich stehen die Interessen des Klienten einseitig im Mittelpunkt und es besteht keine Gleichheit zwischen den Dialogpartnern. Der Philosoph sollte allerdings transparent machen, welche Rolle er gerade spielt.
Im konkreten Gesprächsblauf muß der Philosoph zunächst v.a. zuhören. Damit gibt er dem Klienten die Möglichkeit, einen inneren Dialog offenzulegen.

Der Besucher

Die Besucher, die ein philosophisches Gespräch führen wollen, müssen "eigenständig und selbstverantwortlich denken"[19] können.
Ansonsten sind die Lebens- und Arbeitsbereiche, aus denen die Besucher kommen, nicht eingrenzbar. Mit statistischen Werten kann Graefe nicht dienen.

(3.3) Die Gesprächssituation

Ein Gespräch in Graefes Atelier kann sowohl sitzend, als auch - in psychoanalytischer Manier - liegend geführt werden. Bei Gesprächen, die sehr persönlich werden, kann der Augenkontakt hinderlich sein und wird auf diese Weise vermieden.
Für die Arbeit mit Menschen, die mit seelischen Nöten kommen, schlägt Graefe eine Gesprächsserie vor:
> Der Klient erzählt seine Lebensgeschichte. Der Philosoph lernt ihn kennen und macht sich ein Bild von seiner Persönlichkeit, das jedoch für Veränderungen offen sein muß.

---

18 Graefe, ebenda, S.4
19 Graefe, ebenda, S.2

Um auf den Grund des Problems zu kommen, müssen die äußeren Konflikte unter verschiedenen Aspekten gedeutet werden. Das Manko einer rein psychoanalytischen Betrachtung liegt seines Erachtens in der Entwicklung eines "monadologischen Selbstverständnisses: Der Klient wird wie eine Insel betrachtet, dessen Probleme jeweils singulär seien."[20] So unterscheidet er verschiedene Aspekte: Die *soziale* Problematik betrifft z.B. Schwierigkeiten im Umgang mit bestimmten Menschen. Auf der *klassisch-analytischen* Ebene wendet Graefe Methoden der Psychoanalyse, wie freie Assoziationen und Traumdeutungen an. Schwierigkeiten auf der *perinatalen* Ebene versucht er mit freien Assoziationen, verbunden mit sanfter Atemarbeit, Entspannungsübungen und Meditation anzugehen. Der *transpersonalen* Ebene mißt er auch für atheistische Menschen große Bedeutung bei, da religiöse Einstellungen oft einfach verdrängt werden. Tauchen im Gespräch Hinweise auf solche Einstellungen auf, faßt er diese als persönlichen Ausdruck von Archetypen auf, die jedoch jeweils mit der gewohnten Normalität verbunden werden müssen. Die Ebene, die in der normalen Psychoanalyse und Psychotherapie nicht vorkommt, ist die *philosophische* Ebene. Auf dieser Ebene werden individuelle Probleme auf Menschheitsfragen zurückgeführt.

(3.4) Das Ziel

Graefe setzt je nach Anliegen seiner Besucher unterschiedliche Ziele. Suchen ihn Klienten mit seelischen Problemen auf, setzt er formale Ziele, bei intellektuellen Fragen ethischer, ästhetischer oder anderer Natur inhaltliche Ziele.

---

20 Graefe, ebenda, S.3

Kommen Menschen mit seelischen Problemen, soll im philosophischen Gespräch zunächst die Lebenseinstellung herausgearbeitet werden, die zu diesem Problem geführt hat. Der Klient kann sich dann entscheiden, ob er sich überhaupt verändern will. Wenn ja, wird nach Lösungswegen gesucht. Graefe nennt als Lösungsmöglichkeit die Wahl einer bestimmten Behandlungs- oder Therapiemethode. Erscheint eine mehr körperbezogene Therapie als sinnvoll, empfiehlt Graefe Yoga, TaiChi oder ähnliches.

Als inhaltliches Ziel eines philosophischen Dialogs sieht Graefe "die Erweiterung des Horizonts, d.h. die Hinwendung von nur subjektiv-solipsistischer Verstrickung zu einer Offenheit für allgemein menschliche Fragen."[21] Für Graefe ergibt sich ein solidarisierender Effekt:

> "Selbstverwirklichung im philosophischen Sinne bedeutet nicht nur egozentrische Nabelschau! Im Gegenteil lerne ich es, mich selber in den Problemen des anderen wiederzuentdecken. ("Der Schatten des anderen gehört auch zu mir...")"[22]

(4) Der Kommentar

An dieser Stelle möchte ich auf den bereits erwähnten Essay verweisen, in dem Graefe auf hier aufgeworfene Probleme eingeht.

Aus Graefes Tätigkeiten, Ausbildungsrichtungen, Methoden und Themen schließe ich, daß er ein sehr vielseitiger Mensch zu sein scheint. Die Mitbegründung, bzw. Gründung dreier Gesellschaften innerhalb weniger Jahre[23], die Personalfinanzierung der zweiten Gesellschaft über ABM - Maßnahmen, die verschiedensten Kontakte, die er erwähnt, lassen zudem Organisationstalent vermuten. In der Vielfalt und Ungewöhnlichkeit seiner Aktivitäten ähnelt er Witzany in Salzburg.

---

21 Graefe, ebenda, S.4
22 Graefe, ebenda, S.3
23 Graefe ist einer der fünf Mitbegründer des "Offenen Forums für Philosophische Praxis und Interdisziplinäre Forschung", das im November 1989 gegründet wurde.

Die Darstellung seiner Vorgehensweise, die mir in nicht öffentlichem Material[24] zugänglich war, ist sachlich, durchdacht und gut gegliedert. Der Schreibstil ist den Ausführungen angemessen.
Wörtliche Zitate verwendet er nur einmal (Sartre). Allerdings spielt er auf Literatur, Psychoanalyse und Philosophie an, ohne Literaturangaben zu machen, z.B. "Couch", "homo faber".
Die überwiegende Sachlichkeit seiner Darstellung bringt Überschaubarkeit und erweckt den Eindruck von Ehrlichkeit. Es werden keine undurchsichtigen und verschleiernden Redeweisen verwendet.

Zur Konzeption Philosophischer Praxen

Die nüchterne Auflistung von Verfahrensschritten mag allerdings die Annahme nahelegen, daß ein philosophischer Dialog bereits dann gut geführt werden kann, wenn Konzepte erlesen und erlernt oder spezifisches Wissen angehäuft wird. Aufschluß über inhaltliche Aspekte erhält man nur lückenhaft. Graefe schreibt lediglich, daß sich die Persönlichkeit des Philosophen auf die Qualität der Philosophischen Praxis auswirke, jedoch nur, weil es noch kein einheitliches Konzept der Philosophischen Praxen gebe. Ansonsten bleibt die philosophische Lebens- und Gesprächshaltung des Praxisbetreibers unberücksichtigt. Dies holt Graefe ausführlich in oben genannten Essay nach. Er betont in diesen Ausführungen vor allem die soziale Verantwortung der Philosophie.
Für die generelle Diskussion eines Praxiskonzepts ist ferner relevant, daß Graefe die Ausarbeitung eines einheitlichen Konzeptes überhaupt für möglich hält. Darauf weist er indirekt mehrmals hin: es käme auf die Persönlichkeit an und ebenso sollte Weiterbildung freiwillig sein, solange es noch kein einheitliches Konzept gebe. Die Erarbeitung eines einheitlichen Konzeptes ist keineswegs für alle Philosophen selbstverständlich. Witzany sprach sich z.B. im Interview mit mir strikt gegen ein einheitliches Konzept aus.

---

24 Brief und Privatdruck, 1989

Steffen Graefe

Bisher beriet Graefe einerseits bei der Auswahl passender Therapieformen oder er analysierte auf vielseitige Weise, und eingebettet in größere Zusammenhänge, Probleme seiner Besucher. Unausgesprochen setzt er für den Berater neben philosophischem Wissen auch Wissen um verschiedene Therapierichtungen und Kompetenz in der Empfehlung entsprechender Methoden voraus. Damit begibt Graefe sich fachlich in die weiten Felder der psychotherapeutischen Methoden und der Meditations- und anderer fernöstlicher Bewegungs-, bzw. Kampftechniken.

Er variiert sein Vorgehen je nach Problemlage der Klienten und unterteilt in intellektuelle und seelische Probleme. In der eindeutigen Weise, in der Graefe die Trennung dieser Bereiche versucht, läßt sie sich aber meines Erachtens nicht vollziehen. Der intellektuelle Fall: Bei der Formulierung einer eigenständigen Weltanschauung werden immer persönliche Analysen notwendig sein. Der seelische Fall: Umgekehrt wird die Analyse eines Problems Konsequenzen für die eigene Lebenseinstellung erbringen. Dies wird verdeckt, da Graefe bei der Problemanalyse, die er ausführlich beschreibt, stehen bleibt und sich nicht um die Einbeziehung der neu gewonnen Erkenntnisse in das bisherige Welt- und Menschenbild kümmert. Im Extremfall kann das seelische Leiden ja gerade durch eine unangemessene Lebensphilosophie verursacht worden sein.

Das inhaltliche Ziel eines philosophischen Dialogs, 'von sich abzusehen' und sich für allgemein menschliche Fragen zu öffnen, konkretisiert er in den früheren Schriften nicht. 1991 antwortet er mit einer Falldarstellung.

In der Zielformulierung für einen philosophischen Dialog unterscheidet er sich von den anderen praktizierenden Philosophen: Diese möchten die Ausbildung von Persönlichkeiten nach einem "Menschenideal" fördern. Graefe hingegen nennt als mögliches Ergebnis eines philosophischen Dialogs, Klarheit über eine angebrachte Therapieform zu erhalten. Vielleicht liegt ihm aufgrund seiner Beschäftigung mit Therapiemethoden eine "praktische" Lösung näher.

2.3. Dr. Joachim Koch[1]

> Eine Praxis der Philosophie gibt es im Grunde genommen nicht, es gibt höchstens eine mehr oder weniger gelungene Umsetzung. /.../ Ich bin überzeugt davon, daß die finanzielle Misere, der die Praktiker ausgesetzt sind, mit diesem Paradox zu tun hat/.../.[2]

(1) Zur Person

Koch betrieb von 1984 bis 1986 seine Philosophische Praxis "stoa" in Hamburg. Da sie, wie er schrieb, nicht in Gang gekommen war[3] und Anzeigen in "Szeneblättern" keine große Resonanz erbracht hatten, konnte er damit nicht seinen Lebensunterhalt verdienen. Als Konsequenz schloß er die Praxis.
Jetzt berät er im konzeptionellen Bereich und bietet "die Analyse und Gestaltung von Identität für Produkte und Unternehmen an".
Er bezeichnet sich selbst als "Philosophen und Unternehmensberater", nicht als "philosophischen Praktiker".
Seine philosophische Tätigkeit bezieht sich auf das Schriftstellerische. Er arbeit an einer "Philosophie der Gegenwart", mit dem Arbeitstitel "Die Sprache der Illusion". Der erste Teil, betitelt mit "'Abschied von der Realität' - Grammatik der Illusionen", ist bereits 1988 im Rowohlt-Verlag erschienen.[4]

---

1 verwendete Literatur von und über Koch:
 - Koesters Paul-Heinz, Frühstück am Bett, in: Stern, hrsg.v. Rolf Schmidt-Holtz, 19/84
 - INFORAMTAION PHILOSOPHIE, Mai 1988, S.92
2 Koch, persönlicher Brief 1989
 - Koch Joachim, persönlicher Brief vom 15.03.89
3 Koesters, 1984
4 alle Ziatat dieses Absatzes: Koch, persönlicher Brief, 1989

(2) Die persönliche Philosophie

Die Philosophische Praxis ist nach Koch eine mehr oder weniger gelungene Umsetzung der Philosophie. Eine Praxis der Philosophie als eine Philosophiedisziplin gibt es im Grunde genommen nicht.
Nach Schließung seiner Philosophischen Praxis meinte er, daß die Philosophie alleine - als Wissenschaft - nicht Zugkraft genug besitze, Menschen zum Kommen zu bewegen. Philosophie werde nicht als praktische Tätigkeit verstanden und damit werde ihr auch die Kompetenz für praktische Fragen abgesprochen.

(3) Das Gespräch

(3.1) Was Menschen bewegt, in die Praxis zu kommen

Menschen, denen der Lebensmut abhanden gekommen war und denen die Kraft zum Weiterleben gefehlt hatte, hatten Kochs Praxis aufgesucht.[5]

(3.2) Die Gesprächspartner

Der Betreiber

Nach Schließung seiner Praxis reflektiert Koch seine Rolle als Philosoph in der Praxis. Er schreibt in seinem Brief, daß ein philosophischer Berater nur dann Zulauf habe, wenn er entweder einen Lehrer oder einen Guru[6] verkörpere.
Da er weder das eine noch das andere gewesen sei, sei sein Versuch mißlungen. "Für beides hatte ich selbst kein Talent, denn mir fehlt der weiße Bart. (In 20 Jahren versuch ich's nochmal.)"[7]
Die Preise seiner Stunden lagen zwischen 70,- und 120,- DM.

---

5   Koesters, 1984
6   vgl. Koch, persönlicher Brief, 1989
7   Koch, persönlicher Brief, 1989

Der Besucher

Grundsätzlich hält Koch alle Menschen für so kompetent, daß sie das für sich Richtige erkennen können und so aus seinem Angebot an Ratschlägen die für sie richtigen herausfinden werden.

(3.3) Die Gesprächssituation

In der Methode wollte Koch völlig offen sein. In einer Reportage wurde Kochs Vorgehen als psychologisches beschrieben[8].
Der Philosoph sollte versuchen, stets konkret zu werden und nicht z.B. über 'Sinn' im Allgemein theoretisieren.
Interpretationen von Verhaltensweisen oder Phänomenen, die Koch im Laufe eines Gespräches äußerte, sollten lediglich Angebote oder Vermutungen sein. Koch hatte nicht den Anspruch, Recht zu haben. Die Entscheidung über Richtigkeit oder Falschheit der Interpretationen lag beim Besucher.
Der Reporter, der Koch zu Beginn seiner Tätigkeit in der Philosophischen Praxis besucht hatte, berichtete von ganz konkreten Ratschlägen, die Koch ihm für den Alltag mitgegeben habe.[8]

(3.4) Das Ziel

In Kochs Programm wurde als Aufgabe Philosophischer Praxis die Vermittlung der praktischen Seite der Philosophie hervorgehoben. Darunter versteht er durchaus auch die Vermittlung von Grundsätzen des richtigen Lebenswandels.

---

8 Koesters, 1984

(4) Der Kommentar

Zu Kochs Philosophie, Vorgehen oder Methode läßt sich aufgrund des wenigen Materials nicht viel direkt wiedergeben. Es können nur Rekonstruktionsversuche unternommen werden, die aufgrund der größtenteils indirekten Informationsvermittlung mit Vorsicht gelesen werden müssen.

So nehme ich an, daß der Name seiner Praxis "stoa" programmatischen Charakter hatte: Die Stoiker waren ausgezeichnet durch starke Betonung der Vernunft - alleinige Glückseligkeit durch ein vernünftiges Leben - und die damals revolutionären Forderungen nach Gerechtigkeit und Menschenliebe für alle Menschen, nicht nur für die griechischen und römischen Bürger der Zeit.

Damit wäre ein sinnvoller philosophischer Hintergrund für eine Philosophische Praxis gegeben. Es könnte eine Beratung in Hinblick auf ein vernünftig geführtes Leben in sozialer Gemeinschaft durchgeführt werden. Gerechtigkeit und Menschenliebe als Werte würden dann zu einer verantwortungsvollen Haltung verpflichten.

Im Gegensatz zu vielen seiner Kollegen beschränkte er sich auf eine Gruppe von Ratsuchenden, nämlich Menschen, denen der Lebensmut abhanden gekommen war. Er faßte damit sein Betätigungsfeld recht eng und begab sich zudem in einen Bereich, in dem andere Wissenschaftsdisziplinen ebenfalls Unterstützung anbieten.

Er bot bei seiner philosophischen Tätigkeit nicht nur die Analyse von Problemen an, sondern gab auch ganz konkrete Ratschläge. Die Einübung in neue Verhaltensweisen war damit programmatisch für sein Verständnis von Philosophischer Praxis.

Interessant ist Kochs Begründung für das Scheitern seiner Praxis, die er einige Jahre später geliefert hatte[9]: Der Philosophie selbst mißt er wenig Kompetenz für den Alltag bei. Dieser Kompetenzmangel müsse dann ausgeglichen werden durch die Persönlichkeit, d.h. die Überzeugungskraft, die ein Philosoph ausstrahlt!

---

9 Koch, persönlicher Brief, 1989

2.4. Dr. Alexander Dill[1]

> "Was ist Philosophische Praxis?", fragt er. "Das, was dann geschieht, wenn sich das Denken nicht mehr aufhalten läßt und sich der Sprache bedient, damit es wieder an sein Ende kommen kann", antworte ich.[2]

(1) Zur Person

Dill eröffnete im April 1984 seine Philosophische Praxis am Ku-Damm - eine der ersten, die in der Bundesrepublik existierte. Sie ist, wie er betont, die einzige bestehende Philosophische Praxis, die nicht kommerziell ausgerichtet ist. Damals war er 25 Jahre alt, und hatte akademischen Status eines Diplom-Soziologen.
Gefördert wurde Dill ab 1985 von der Stiftung für Sozialmedizin. Seit 1988 wird er vom Berliner Senat unterstützt. Neben Einzelgesprächen sucht er das philosophische Gespräch in der Öffentlichkeit, z.B. mit Wartenden in der U-Bahn. Aufhänger für ein Gespräch ist dann ein von ihm plakatiertes Kant-Zitat.

---

1 in diesem Kapitel verwendete Literatur:
   - Dill Alexander, Werbezettel für seine Philosophische Praxis
   - Dill Alexander: Manuskript zum Buch "Philosophische Praxis - eine Ausführung", 1989a
   - Dill Alexander: persönlicher Brief vom 14.03.89, 1989b
   - Dill Alexander: persönlicher Brief vom 16.03.90, 1990a
   - Dill Alexander: "Philosophische Praxis - eine Ausführung", Fischer-Taschenbuch-Verlag, Frankfurt, 1990b
   - Dill Alexander: persönlicher Brief vom 14.02.91, 1991a
   - Dill Alexander: Warum der Feind die eigene Frage als Gestalt ist und dies zum Wesen des Dialogs gehört; Weiterhin: Warum zurück zur Metaphysik gegangen werden muß ebenso wider die Skepsis somit zwei Beiträge zur Theorie der Philosophischen Praxis, in: Witzany (Hrsg.), Zur Theorie der Philosophischen Praxis, Philosophische Praxis Bd.3, Essen 1991
   - Transkription einer unvollständigen, privaten Viedeoaufnahme einer Fernsehsendung des Hessischen Rundfunks über Philosophische Praxen, ausgestrahlt 1988

2 Dill, Versuchen, nicht zu denken, in: Dill, 1990b, S.23

Seine Stellung zu Achenbach ist distanziert. Er wirft ihm Monopolisierungsbestreben vor, welches Diskussionen über Philosophische Praxis verhindere. Sein Antrag, in die GPP aufgenommen zu werden, wurde ohne Begründung abgelehnt. Seinen Angaben zufolge ist keiner der sonstigen praktizierenden Philosophen Mitglied dieser Gesellschaft.
Die Erfahrungen aus seiner Praxis faßte Dill in einem Buch zusammen, das 1990 erschien. Es sollte das erste durchgängig geschriebene Buch zu diesem Thema sein, also nicht nur eine Sammlung von Vorträgen.[3]
Für meine Arbeit stellte er mir freundlicherweise vorab ein Manuskript seines Entwurfes zur Verfügung. Die Literaturangaben beziehen sich jedoch auf die Veröffentlichung.

(2) Die persönliche Philosophie

Allgemein führt Dill ein: Philosophie ist kein fest umrissenes Gebilde, sondern eine uneingeschränkte freie Betrachtung der Dinge. Damit unterscheidet sie sich von anderen Wissenschaften.

> "...in der Ethik geht es um die Lebensführung des einzelnen Menschen. Im Grunde ist die Lebenseinstellung jedes Menschen seine ureigenste praktische Philosophie, und indem er diese Lebenseinstellung erschließt, *philosophiert* er."[4]

'Philosophieren' im Sinne von Erschließen der Lebenseinstellung sei in zweifacher Hinsicht hilfreich: erstens beim Finden einer Lebenseinstellung und zweitens als Tätigkeit des Philosophierens selbst.
Eine eigene Philosophie zu finden ist notwendig, da jeder in einer einzigartigen, unwiederholbaren Situation lebt. Es kann keine Theorie darüber geben, wie der Mensch ist und wie er sein Leben bewältigen kann. Für jeden Philosophierenden sind immer wieder dieselben Fragen zur Existenz wichtig. Damit beginnt eine neue Philosophiegeschichte, in der die Antworten durch Philosophen irrelevant werden. Dill meint, daß eine gefundene Lebenseinstellung, Setzungen etc., Pausen in der Bemühung sind, Positionen zu den sich stets verändernden Umständen zu beziehen. Das Denken kann in Form einer

---

[3] darauf wies Dill in einem Brief hin, Dill 1989b
[4] Dill, Werbezettel, S.2

selbstgesetzten Erkenntnis zur Ruhe kommen. Allerdings muß eine einmal gefundene Philosophie wandelbar sein, da sich die Lebensumstände immer wieder ändern. Verschiedene Haltungen wechseln sich ab.

'Denken' bedeutet, sich bewußt zu werden, denkendes Subjekt zu sein. Philosophische Praxis ist "das, was dann geschieht, wenn sich das Denken nicht mehr aufhalten läßt und sich der Sprache bedient, damit es wieder an sein Ende kommen kann."[5]

Klassischerweise ist Melancholie der Ausgang und die Folge des Philosophierens. Denn kämpferische Ideale sind schwer zu vertreten. Der Philosophierende weiß um die Vergeblichkeit.

Als Lebenshaltung ist diese philosophische Haltung jedoch nicht praktikabel. Eine Lebenshaltung in sozialer, politischer und ökologischer Verantwortung - wie sie Dill als Ideal vorschwebt - ist nur ableitbar aus Hoffnung und Sorge um die Zukunft. Und diese ist nicht allein durch Denken bestimmt, wie sie existentialistisches Denken nahezulegen scheint: Der existentialistisch Denkende ist aus der Gesellschaft ausgestiegen, in seinem Denken ist die Außenwelt verschwunden. Aber in der Philosophischen Praxis wird der Philosophierende wieder in die Welt zurückgeholt. Denn

> "Auf merkwürdige Weise läßt uns die philosophische Erkenntnis /der Vergeblichkeit - M.B./ unberührt. Gleich werden wir etwas ganz anderes tun. Sie legen das Buch zur Seite und ich höre jetzt auf zu schreiben und gehe ins Café. /.../ Wie wollen und müssen die Zeit totschlagen /.../"[6].

Philosophierende schreiben weiter, indem sie sie in Frage stellen, sich auf einen Dialog mit ungewissem Ausgang einlassen. Philosophen halten an einmal konstatierten Setzungen fest.

---

5 Dill, Versuchen, nicht zu denken, in: Dill, 1990b, S.23
6 Dill, Endlose Gegenwart, in: Dill 1990b, S.112

> "In der Philosophie wird das Denken den "großen" Philosophen überlassen und es gilt als faux pas, Gedanken zu äußern, die sich nicht ausdrücklich auf einen Text oder einen Autor der Philosophiegeschichte beziehen. Beim Philosophieren aber hat man gar keine andere Möglichkeit, als auf den eigenen Verstand und die eigene Erfahrung zurückzugreifen."[7]

Allerdings bemerkt Dill in Anlehnung an Kant die Unmündigkeit seiner Besucher, sich ohne fremde Hilfe ihres Verstandes zu bedienen. Unmündigkeit beginnt nicht erst im Akt sozialer und politischer Unterwerfung, sondern bereits in 'kausaler Unterwerfung'. Dill meint damit die Unterwerfung unter äußere Faktoren, von denen angenommen wird, sie könnten selbst nicht bestimmt werden und doch als bestimmend für das eigene Leben erfahren werden. Theorien, die diese Faktoren aufgreifen, nennt Dill "potentielle Unmündigkeitstheoreme"[8]. Die Aufklärung habe diese Unterwerfungszusammenhänge unterstützt, denn noch nie gab es so viele gute Gründe, unmündig zu sein.

Auf den Staat übertragen zeigt sich die Mündigkeit im Staatsbürger und nicht im Bürger, der in seiner kleinen Burg lebt. In unserer Demokratie ist durch den Wähler dieser Unterschied vertuscht. Der Staatsbürger wählt jedoch nicht nur, sondern bürgt für die Allgemeinheit und nicht nur für seine eigenen Belange. Dies bedeutet: staatsbürgerliche Verantwortung. Ein Schritt auf dem Weg zum Staatsbürger ist das allgemeine Nachdenken über die Welt - angeregt z.B. durch Katastrophen wie Tschernobyl. Viele verwechseln jedoch Engagement mit Schuldzuweisungen, Meinungen mit Philosophie. "Philosophieprofis" unterscheiden sich übrigens in keiner Weise von den Bürgern. Auch sie stellen nur die vermeintlich Verantwortlichen heraus. Das hat nichts mit dem Tätigwerden als Staatsbürger zu tun.

---

7   Dill, Das leere Blatt oder die Entfaltung des philosophischen Raumes, in: Dill, 1990b, S.26
8   Dill, Vom Umgang mit der selbstverschuldeten Unmündigkeit, in: Dill, 1990b, S.40

"Gesamtgesellschaftliche Probleme aber - und das sind Umwelt- und Zivilisationsprobleme - lassen sich nicht durch die Identifizierung der Schuldigen lösen, sondern sie erfordern die Bereitschaft des einzelnen, diese Probleme primär zu *seinen eigenen* zu machen, also als Staatsbürger für den Staat zu bürgen."[9]

Um Bürger zu Staatsbürgern zu erziehen, wurden politische Bildungsstätten und Stiftungen eingerichtet. Diese scheiterten in ihrem Vorhaben aber aus verschiedenen Gründen. Die Bürger wurden den Parteien zu 'aufmüpfig', sodaß diese ihre Angebote einstellten. Parteien konnten zudem nicht den einzelnen mit ihren Großethiken aufwecken, sondern beruhigten ihre Zuhörer eher.

"Bei der Teilnahme an einer Großethik hat der Einzelne das Gefühl, einer Gemeinschaft von vermeintlich Bewußten inmitten einer "verdummten" Masse anzugehören. Im Grunde ist Großethik deshalb ebenso unpolitisch, wie ihre Anhänger."[10]

In diesem Sinne ist für Dill erst derjenige Staatsbürger, der intellektuell an der Regierung teilnimmt und mit dem kategorischen Imperativ ernst macht. Allerdings kann der Rückwurf auf die Individualethik auch eine Überforderung darstellen. Nicht Meinungs- und Willensbildung müssen gelernt werden, sondern das Transzendieren im Sinne von Verallgemeinern.

Um philosophierend zu einer Lebenseinstellung zu gelangen, bedarf es eines besonderen Raumes, da in öffentlichen Einrichtungen das Psychologisieren und Soziologisieren vorherrsche. Und an der Universität wird so getan, als ob Philosophie keine geschichtlichen Grenzen und keinen geschichtlichen Rahmen hätte. Diesen besonderen Raum bietet Dill in der Philosophischen Praxis.

Philosophische Praxis, wie Dill sie versteht, ist an die antike griechische Philosophie angeknüpft, in der der vorbehaltlose Dialog zwischen 'Berufs-' und 'Alltagsphilosophen' im Mittelpunkt stand.

---

9 Dill, Das politische Wesen: zoon politikon, in: Dill, 1990b, S.66
10 Dill, ebenda, S.69

Philosophische Praxis in unserer Zeit - einer Zeit, in der es wenige Möglichkeiten für das Ausleben des 'Philosophiezwanges' gibt - lädt als Dienstleistung zur ""Denkenden Betrachtung der Dinge" ein: zum philosophischen Gespräch"[11]. Sie ist somit ein Rahmen für Alltagsthemen. Gleichzeitig markiert sie eine philosophische und gesellschaftliche Position, einen Ausgangsort für Reflexionen allgemeiner Art, z.B. über 'Lebenskunst'. Somit sieht Dill Philosophische Praxis als gesellschaftspolitische Aufgabe.

Aufgabe der Philosophischen Praxis ist es zu politisieren und zu entpolitisieren, indem sie einerseits Verantwortlichkeit klarlegt und andererseits die alten Formen hinterfragt. Ansatzpunkt der Ethik des 'kategorischen Imperativs' ist das Aufhalten der Großkatastrophe über die Bewältigung der Kleinkatastrophen, denn tägliche Kleinkatastrophen bewirken Großkatastrophen.

Aufgabe der philosophischen Praxis ist das Aufzeigen und Ermöglichen der Vernetzungen gesellschaftlicher Zusammenhänge, das Zurückwerfen des Bürgers auf seine eigene Verantwortlichkeit. Sie stellt sich damit gegen Bürgerinitiativen, neue Parteien etc., die sich die individuelle Unzufriedenheit zunutze machen und lediglich eine Ansammlung unmündiger Menschen sind, die nicht eigenverantwortlich und alleine handeln können.

Philosophische Praxis in Abgrenzung zu Psychotherapie und Theologie

Kritisch sieht Dill die Vorurteile, die seine Besucher - seinem Eindruck nach - Psychotherapie und Theologie gegenüber hegen. Er meint, daß beide Richtungen sich wohl mehr mit Klischees, als mit theoretischer Kritik auseinandersetzen müssen.

---

11 Dill, Werbezettel S.2

Dill selbst grenzt sich nicht gegen Psychologen ab, sondern sieht Gemeinsamkeiten mit einigen Therapieformen[12]. Eine Abgrenzung der Philosophischen Praxis von der Psychotherapie sei nicht sinnvoll, da sie ein Argument für diejenigen sein könnte, die aus unbequemen Gesprächen herauswollten und dann in der Philosophischen Praxis ein seichtes Gespräch suchten.

Allerdings besitze die Philosophische Praxis entscheidende Vorteile gegenüber den beiden anderen Disziplinen: In Therapien gehe es stets um Hilfe für Entscheidungen. Nach Dill beruht der - mittlerweile gesellschaftlich notwendige - Zwang, sich zu entscheiden auf Aristoteles' Satz vom ausgeschlossenen Dritten. Scheinbar wird in Entscheidungsprozessen nach dem Gewicht von Argumenten oder Tatsachen entschieden, das Gefühl außen vorgelassen. Dill meint jedoch, der echte Entscheidungsträger habe sich immer schon entschieden. Er vollstreckt nur noch seine einmal gefällten Werte und Urteile. Derjenige, der scheinbar eine Entscheidung von seinem Gegenüber wünscht: "Kommst du nun mit oder nicht?"[13], hat sich bereits entschieden und fordert zum Mitkommen auf.

Als Gegenpol plädiert Dill für unentschiedene Situationen, so wie ja auch das Leben selbst eine Indifferenz zwischen Leben und Tod ist - eine jener Paradoxien, die Dill wichtig sind. So kann in der Philosophischen Praxis konsequenterweise in Entscheidungsfragen nichts geraten werden, sondern nur bereits entschiedene Wertesysteme offengelegt oder das 'Mittlere' - das Unentschiedene - eingeführt werden.

Von der Kirche bleiben die Leute weg, da sie nicht mehr neugierig auf theologische Äußerungen sind und jeder zu wissen meint, was Theologie ist.

Ein Gespräch wird zudem durch die äußere Form der Predigt verhindert. Sie ist ein Monolog und in dieser Form erstarrt. Ebenso sei der Inhalt erstarrt. Die Zuhörer kennen die Zitate. Würde die Form der Predigt aufgebrochen werden, wäre dies eine Form Philosophischer Praxis. Aber als Institution existiert Kirche schon zu lange und sie würde sich wahrscheinlich gegen solches stellen.

---

12 Kühn: Dereflexion und Koan des Zen-Buddhismus
   Lacan: Diskursanalyse
13 Dill, Von der Schwierigkeit, sich nicht zu entscheiden, in: Dill, 1990b, S.56

Der Pastor kommt an diesem Punkt in die Philosophische Praxis. Er weiß nicht mehr, wie er mit den Menschen in Kontakt treten kann und soll. Die Menschen kommen mit der Frage nach Gott jetzt in die Philosophische Praxis.

(3) Das Gespräch

(3.1) Was Menschen bewegt, in die Praxis zu kommen

Ca. 90% von Dills Besuchern kommen mit der konkreten Frage, was Philosophische Praxis eigentlich sei. Diese Frage eröffnet ein Gespräch. Der erste Antrieb ist Neugierde. Dahinter liegt jedoch meist noch ein Problem verborgen. Unmündige Menschen drücken dies in der Praxis im Satz "Ich will-aber-ich-kann-nicht" aus.

Allerdings sieht Dill in diesem Zusammenhang zwei Paradoxien: Einmal ist der Eintritt in die Praxis ein Zeichen für Mündigkeit, Anlaß für das Kommen ist jedoch Unmündigkeit im Denken. Zum anderen erreiche Philosophische Praxis gerade die Menschen, die ohne Hilfe denken können und eben deshalb nicht ins Büro kommen müssen. Sie haben erkannt, daß Philosophische Praxis überall stattfinden kann. Philosophische Praxis ist damit am Ziel und somit überflüssig.

(3.2) Die Gesprächspartner

Der Betreiber

Dill nimmt an, daß von ihm als Philosophen verschiedene, sich widerstreitende Fähigkeiten erwartet werden: einerseits die des weltzugewandten Philosophen (heilend, herrschend, Überblick habend), andererseits die des weltabgewandten (okkultistisch und asketisch).

Der Besucher

Dill nimmt an, daß seine Besucher zunächst mit abwartender Haltung in die Praxis kommen. Sie sind noch unentschieden, ob sie einen philosophischen Dialog führen wollen. Dies schließt er daraus, daß die Besucher unbefriedigt und unangenehm berührt zu sein scheinen, wenn er sie in ein philosophisches Gespräch hineinzieht. Tatsächlich treibt sie ein großes Redebedürfnis in die Praxis. Aussprechen möchten sie sich und Antworten werden nicht erwartet.[14]

Dann, im philosophischen Dialog weist er ihnen die Position der Philosophierenden zu. Denn der praktizierende Philosoph übernimmt die Funktion des Zweifelnden.

(3.3) Die Gesprächssituation

Formales

Philosophische Praxis ist auf das Mittel der Sprache beschränkt, da sie mit Denken zu tun hat. Das Wort soll wertgeschätzt, Antworten gegeben und keine Statements ausgetauscht werden. Voraussetzungen, die auf Theorien beruhen, dürfen nicht gemacht werden. Der philosohische Dialog darf in keine Richtung drängen, muß offen sein. Auch der Philosoph soll keine fertigen Antworten geben. So änderte Dill z.B. seine Strategie bei der Beantwortung der Frage, was Philosophische Praxis sei. Statt weiterhin Definitionen zu geben, verwies er auf das im Moment darüber stattfindende Gespräch, die Praxis.

Der Dialog soll kein sokratischer sein, in dem der Besucher nur 'ja'und 'nein' sagen darf. Sokratische Dialoge sind keine philosophischen, da nicht diskutiert wird und die Gesprächspartner nicht unberechenbar sind.

---

14 Dill, Versuchen, nicht zu denken, in: Dill, 1990b, S.20

In Äußerungen und Reaktionen auf diese begegnen sich im Laufe eines Gespräches Lebensanschauungen. Die unterschiedlichen Arten von Interpretationen weisen auf möglicherweise fundamental unterschiedliche Lebensanschauungen hin:

> "Wie auch immer /dabei - M.B./ die existentielle Setzung erfolgt, ob über Anliegen, Mangel und Berufung oder über die Vorstellung des Ich im *cogito* - sie ist in ihrer Willkürlichkeit Ausdruck der unverschämten Leichtigkeit, man selbst zu sein. Man muß nur den Preis dafür zahlen, also bereit sein, unhinterfragbare Wahrheit zu postulieren."[15]

Diese Setzungen gilt es freizulegen. Und dann ist philosophisch nicht die Setzung, sondern die dazugehörende Geschichte interessant und damit wird wieder philosophisch reflektiert.

Im Philosophieren setzt man seine Meinungen, also die eigene Philosophie aufs Spiel. Der Dialog wird als Wissensaustausch angesehen. Dabei verändert sich ständig die Wissens- bzw. Nichtwissenskonstellation der Gesprächspartner und damit deren jeweilige Machtposition.

> "Der Dialog wird ja gerade dadurch vorangetrieben, daß Offensive und Gegenoffensive erfolgen, sich also die Machtverhältnisse ständig ändern."[16] "Das leere Blatt wird beschrieben, aber nicht nur mit Inhalten, also mit Setzungen, Wertungen, Behauptungen, Thesen etc., sondern auch mit Macht- und Rechtsansprüchen."[17]

Es geht nicht darum, "volles Wissen" zu besitzen, sondern um Macht, um das "Am-Ende-Rechtbehalten". Scheinbar kommt das dem Besucher zu. "Und wer das Ziel festlegen und definieren kann, hat meistens auch "recht""[18]. Jedoch geht die Definition des philosophischen Raumes, einschließlich der Beziehungsebene der Gesprächspartner, vom Philosophen aus.

---

15 Dill, Von der unverschämten Leichtigkeit, man selbst zu sein, in: Dill, 1990b, S.80
16 Dill, ebenda, S.35
17 Dill, ebenda, S.34
18 Dill, Das leere Blatt oder die Entfaltung des philosophischen Raumes, in: Dill, 1990b, S.34

Irgendwann greift dann der in die Defensive gedrängte Gegner zum letzten Mittel, um am Ende doch noch recht zu behalten. Er wechselt - so Dill - am logischen Dead-End einer Diskussion von der Inhalts- auf die Beziehungsebene. Dill zitiert beispielhafte Äußerungen wie: "Also, ich verstehe Sie nicht so genau.", "Mir erscheint das zu einfach, was Sie da sagen", "Sie vernachlässigen dabei aber die Punkte x,y,z.", "Das war aber noch keine Antwort auf meine Frage."[19]
Philososphischer Dialog als Nullsummenspiel! Der Wunsch gemeinsam gewinnen zu wollen, ist, so Dill, nur ein Hinweis darauf, daß man seinen Einsatz vor dem Verlust retten und die Spielregeln außer Kraft setzen will.
Philosophische Systeme sollen nach Dill im Gespräch ab- und nicht aufgebaut werden. Dabei kommt es zu Widerständen - vergleichbar mit dem Widerstand in der Psychoanalyse: Der Philosophierende möchte seine gefundenen existentiellen Setzungen nicht aufgeben. "Zu schlecht ist noch die frische Erinnerung an die quälende Zeit vor der Setzung, an alle Verunsicherungen und Verwirrungen, die die Reflexion mit sich bringt."[20]. Der Widerstand wird umso geringer, je mehr die Setzungen lediglich als Denkpausen angesehen werden. Die einzige Chance aus der einsamen Selbstsetzung herauszutreten, ist der Dialog.

Inhaltliches

Kommen unmündige Menschen in seine Praxis, die "wollen-aber-nicht-können" - da sie alle möglichen Umstände gegen sich gerichtet sehen -, ist es Dills Anliegen, diese Unmündigkeit zu überwinden. Die Besucher sollen erkennen, daß die vermeintlich hindernden, äußeren Umstände Objekte ihres Wollens sind. In der Philosophischen Praxis interessieren dabei weniger die Faktoren selbst, als das Verständnis der Besucher für die kausalen Zusammenhänge, in die sie sich verstrickt fühlen.
Dazu nennt Dill folgende Dialogschritte:
    Zunächst müssen die Gründe für das 'Nicht-Können' herausgefunden werden.

---

19 Dill, ebenda, S.33
20 Dill, Von der unverschämten Leichtigkeit man selbst zu sein, in: Dill, 1990b, S.86

Und dann wird versucht, die Gründe, d.h. Normen und Werte für diese Interpretation aufzudecken.

Der gebräuchlichste Grund für 'Nicht-können', also für Unmündigkeit, ist Krankheit. Das Denken, das auch im kranken Zustand möglich wäre, wird abgelehnt, da es einem danach nur schlechter ginge. Dill vermutet, daß an Krankheiten als Ausdrucksform für Unfähigkeit zur Mündigkeit festgehalten wird, da diese gesellschaftlich anerkannt und gut bezahlt werden; ganz im Gegensatz zu anderen Ausdrucksformen wie Malerei.

Das 'Nicht-Können' auf somatischer Ebene parallelisiert er mit 'Nicht-Können' auf geistiger Ebene: Auch da würden alle möglichen Gründe des 'Nicht-Könnens' vorgeschoben werden. Menschen wollen angeblich glauben, könnten aber nicht.[21]

Deshalb arbeitet Dill bei chronischen Prozessen - egal ob Krankheit oder chronische Mißerfolge - bewußt gegen das Verschieben in die Vergangenheit oder Zukunft an: Die Besucher sollen keinen Abstand zu chronischen Prozessen bekommen, sondern die schmerzhafte Gegenwart erleben, da ein chronisches Problem weder geheilt, noch gelöst werden kann. Zwar würde nach Gründen gesucht, in der vermeintlichen Hoffnung, Niederlagen vermeiden zu können, doch versagen alle Mittel zur Beherrschung des Chronischen an der Grenze endloser Gegenwart. Lediglich einige Priester und Philosophen gaben dieses Suchen auf und sind auf den Grund der Existenz gestoßen: auf unendliche Langeweile. Sie entsagen der Welt, wollen keine Zeit mehr vertreiben, haben keine Hoffnung mehr.

Der praktizierende Philosoph steht dabei in einem Zwiespalt: Einerseits ist Selbstfindung nur über Langeweile möglich, andererseits ist Philosophische Praxis ein Freizeitangebot und damit ein Angebot gegen Langeweile. Zudem würde in einem Gespräch eine reine Bezugnahme auf die Gegenwart den Rahmen Philosophischer Praxis erheblich beschneiden. Eine Festlegung nur auf die Gegenwart - als Methode des philosophischen Dialogs - würde außerdem vorhersehbar werden. Dill entscheidet sich dafür, einem möglichst offenen Dialog den Vorrang einzuräumen.

---

21 vgl. Dill, ebenda, S.45f

(3.4) Das Ziel

Philosophische Praxis zeigt, daß Denkpausen, in Form von Setzungen notwendig sind. "Die philosophischen Setzungen aller Art sind *Erholungspausen im Marathonlauf des Denkens*"[22]. Danach ergeben sich als Alternativen der egoistische Imperativ oder die paradoxe Strategie. Unter egoistischem Imperativ versteht Dill: *"Du sollst Du selbst sein und nichts als Du selbst. Du sollst nichts anderes sein, als Du selbst."*[23]
Paradoxe Strategie:

> " Die Entfernung von sich selbst könnte tatsächlich die Entfernung von der Person sein; die Studentin geriete in die Nähe des chinesischen Weisen. /.../ Der Weise spricht dann: "Er entäußert sich seines Selbst und sein Selbst bleibt erhalten."[24].

Philosophische Praxis kann die Vielheit von Verhaltensweisen und damit Wahlmöglichkeiten deutlich machen. Alternativen können sich vermischen, können durchgespielt werden. Was dabei herauskommt, ist ungewiß. Haltungen und Meinungen können spontan wechseln. Auch wenn unreflektierte Haltungen dabei herauskommen, erfolgt keine Pathologisierung. Denn auch unreflektierte Haltungen haben ihre Begründung.
Im Freiraum der Philosophischen Praxis kann das Wesen ohne kollektiven Druck wählen. "Identität erscheint dann als spontanes und willkürliches Aufblitzen."[25]
Philosophische Praxis kann u.U. den Denkanstoß geben, daß ein Problem keinen absoluten Eigenwert hat. Dill meint z.B., daß sich ein Süchtiger nicht die Sucht abgewöhnen muß, wenn er damit keinem anderen Menschen schadet und sie für die oder den Betreffenden ein Mittel ist, mit einer Sache fertig zu werden. Der Philosoph verstößt dabei gegen jede therapeutische Auffassung.
In politischen Fragen ist die 'Erkenntnispolitik' in Philosophischen Praxen wirksam. Die Mündigkeit des Bürgers wird angestrebt. Nicht gefragt ist Moral - als allgemeines, willkürlich festgelegtes Wertesystem, das sagt, was gut und böse ist, sondern Ethik als vernetztes

---

22 Dill, Von der unverschämten Leichtigkeit man selbst zu sein, in: Dill, 1990b, S.84
23 Dill, Warum es dennoch besser ist, nicht man selbst zu sein, in: Dill, 1990b, S.87
24 Dill, ebenda, S.92
25 Dill, ebenda, S.95

Denken. Moral läßt lediglich symbolische Bekenntnisse hervorbringen, z.B. die richtige Partei wählen oder der richtigen Protestbewegung angehören. Ethik läßt das Lächeln über die eigene Inkonsequenz zu und tritt möglicherweise nur dort auf, wo sie mehr als nur eine symbolische Gewissensberuhigung ist.
Ein 'staatsbürgerlicher Vorschlag' könnte in allen Konsequenzen und mit Kompromißmöglichkeiten besprochen werden. Den Übergang in die Politik jedoch muß jeder einzelne für sich vollziehen.
Zum Thema Gott schreibt Dill, daß 'Gott' als Gast in der Philosophischen Praxis auftreten könne, jedoch weder als Gott der Ideengeschichte noch als Synonym für etwas. Er bezieht sich auf Voltaire:

> "Wir fühlen, daß wir unter der Hand eines unsichtbaren Wesens leben: Das ist alles, und darüber hinaus können wir nicht weiter vordringen. Sinnlose Vermessenheit ist es, herausbekommen zu wollen, was dieses Wesen ist, ob ausgedehnt oder nicht, ob an einem Ort existierend oder nicht, wie es existiert und wie es wirkt."[26]

(4) Der Kommentar

In seinem Brief vom 14.03.89 kündigte Dill sein Buch an. Er schrieb, daß es das erste durchgeschriebene Werk zur Philosophischen Praxis und keine Vortragssammlung sei. Zum ersten Mal läßt sich damit ein praktizierender Philosoph "über die Schulter" schauen und stellt tatsächlich stattgefundene Dialogabschnitte vor.
Aber auch wenn es ein durchgeschriebenes und angenehm zu lesendes Werk zur Philosophischen Praxis ist, ist es dennoch nicht kohärent. Widersprüche und Einseitigkeiten in seiner Theorie fallen auf. Verschiedene Sichtweisen auf Dinge beachtet er nicht. Dadurch erscheint sein Verständnis für Situationen und Äußerungen eingeengt. Dazu einige Belege:

---

26 Voltaire zitiert nach Dill, Gott zu Gast, in: Dill, 1990b, S.101f

Die eigentliche Philosophie

Dill setzt sich in vielen Punkten mit konkreten Belangen auseinander: mit der politischen Haltung seiner Besucher, dem Umgang mit Krankheiten, der Unmündigkeit, den Sorgen des Pastors, etc. Trotzdem scheint er den wahren Philosophen im zurückgezogenen, melancholischen Denker zu sehen.
Ausgang und Ende der Philosophie sei Melancholie. Er nennt Priester und Philosophen als Vorbilder. Wenigstens von ihnen hätten es einige geschafft, sich vollkommen auf die Gegenwart einzulassen und Abstand von der Welt zu bekommen.

> "Der Existentialist sucht und findet seine eigene Grenze, er steigt in einem gewissen Sinne aus der Gesellschaft aus, woran auch seine politischen Stellungnahmen nichts ändern."[27]

Nur sei die philosophische Haltung des existentialistischen Denkens - des richtigen, des wahren Denkens - nicht durchzuhalten, da das Leben mit an der Lebenshaltung forme. Immer wieder klingt an, daß das Handeln in der Welt doch die schlechtere Alternative zum Denken sei - so sein Hinweis, daß er als praktizierender Philosoph nicht, wie es philosophisch sein sollte, der Langeweile nachgehen kann, sondern aus Sachgründen einen Kompromiß eingehen muß.

Menschenbild

Menschen suchten sich den bequemsten Weg, machten sich einmal eine Meinung und hielten dann daran fest. Aufgabe des Philosophen sei es nun, die Bequemlichkeit aufzubrechen.
So vermutet Dill bei der Frage seiner Besucher, was Philosophiche Praxis eigentlich sei, falsche Neugierde, dahinter verborgene Angst vor einem philosophischen Gespräch. Er antwortet jedoch nicht, indem er Voraussetzungen, Themen, Spielregeln etc. aufzählt, sondern den fragenden Menschen auf das im Augenblick stattfindende Gespräch verweist. Die ärgerlichen Reaktionen interpretiert er als Ausdruck des Unwillens, in ein philosophisches Gespräch hineingezogen zu werden und übersieht, daß die Menschen vielleicht

---

27 Dill, Endlose Gegenwart, in: Dill, 1990b, S.111

deshalb ärgerlich sind, weil er ihnen - begründet mit seiner Dialogtheorie - nicht antwortet.

Dialogtheorie

Die Vielfalt sprachlicher Handlungsmöglichkeiten wird auf Informationsaustausch reduziert. Es geht im Dialog darum zu gewinnen. Gleichzeitig meint Dill, daß nur kompetitive Dialoge ehrlich seien. Wie er in einem Aufsatz von 1991[28] darlegt, folgt er mit dieser Auffassung Philosophen, die das Element des Streites entdeckten, neutrales Sprechen bezweifelten und sich damit gegen die diskursethische Auffassung Frankfurter Provenienz stellten. In seinem vorliegenden Buch gibt Dill keine Gründe an, warum diese Art ehrlicher sein soll. Mit dieser Dialogauffassung steht er im Gegensatz zu allen anderen praktizierenden Philosophen, die ihre Stärke im kooperativen Verständnis sehen. Wenn diese Philosophen von kooperativem Dialog sprechen, meinen sie nicht, daß ein Gespräch im Konsens münden muß - wie es Dill befürchtet -, sondern sie möchten damit die Art des gegenseitigen Umgangs betonen - eben nicht Belehren, Statements abgeben oder in psychoanalytischer Manier deuten.

Dill nimmt wohl an, daß mit einer kompetitiven Dialogsituation die Menschen am ehesten aus ihrer Unmündigkeit geweckt werden. Ich zitiere dazu eine kurze Passage:

> "Sie: Wenn man kein Geld hat, dann kann man nirgends hingehen; wie soll ich da einen Mann kennenlernen?
> Ich: Schon wieder das Geld. Seien Sie froh, daß Sie kein Geld haben - da haben Sie immer einen Hinderungsgrund.
> Sie: Herr Dill wissen Sie das nicht, wie es ist ohne Geld?
> Ich: Doch, ich weiß es. Und als Schriftsteller macht man doch genau das fruchtbar./.../" [29]

Sollte dieser Wortwechsel ohne Ironie oder bewußte Provokation geschehen sein, was aus den übrigen Äußerungen anzunehmen ist, so wäre dieses Beispiel in der Art der Darstellung äußerst arrogant.

---

28 Dill, Warum der Feind die eigene Frage als Gestalt ist und dies zum Wesen des Dialogs gehört; Weiterhin...1991b
29 Dill, Vom Umgang mit der selbstverschuldeten Unmündigkeit, in: Dill, 1990b, S.44

Der Philosoph deckt den vorgeschobenen Grund der Frau, Geldmangel, in einer Weise auf, die das Gefühl hinterläßt, die Frau sei entblößt worden.

Weiterhin interpretiert Dill den Umstieg von der Inhalts- auf die Beziehungsebene als letzte Möglichkeit, der Argumentation zu entgehen. Als Beispiele führt er an: "Also, ich verstehe Sie nicht so genau.", "Mir erscheint das zu einfach, was Sie da sagen", "Sie vernachlässigen dabei aber die Punkte x,y,z.", "Das war aber noch keine Antwort auf meine Frage."[30] Es käme jetzt natürlich auf den Kontext an, um herauszufinden, ob solche Äußerungen Ausflüchte sind. So wie er jedoch die Äußerungen zitiert, liegt es nahe, sie eher als Rückfrage, Verständnissicherung, Einklagen der geforderten sprachlichen Handlung etc. zu verstehen. Das sind alles Handlungen, die einen Dialog eher fördern als unterbrechen. Als Umstieg auf die Beziehungsebe würde ich Äußerungen verstehen, wie "Mit Ihnen zu diskutieren ist ja nicht möglich."

Einige eigenwillige Argumentations-Muster

Einige "Verständnisstolpersteine" entstehen durch Dills Begriffsverwendung. So geht er von Begriffen aus, zerlegt sie, leitet sie ab und folgert aus der Begriffserklärung Tatsachen:
Dill kritisiert in einem Kapitel die Selbstverwirklichungsidee. Es sei nicht zu fassen, was das 'Selbst' überhaupt sei. Deswegen sei auch der Begriff der 'Selbstverwirklichung' unklar. Mit der psychoanalytischen Redeweise werde eine Gespaltenheit vorausgesetzt, die zudem gesellschaftlich unterstützt werde. Man brauche das 'Ich', um die Person zur Selbstverwirklichung und damit vermeintlich zur Identität aufzufordern. Dieser egoistische Imperativ löse einen Prozeß aus, der Wachstum und Fortschritt genannt wird.

---

30 Dill, Das leere Blatt oder die Entfaltung des philosophischen Raumes, in: Dill, 1990b, S.33

Der Gegenentwurf käme östlicher Philosophie nahe, die sich wirklich dem 'Du' zuwendet und damit zum 'Selbst' gelangt. Die gesellschaftlichen Folgen wären Rückzug, Kontemplation, Gelassenheit und Abstand vom Leistungsanspruch.
Im Zuge der Selbstverwirklichungbestrebungen käme es immer wieder zu paradoxen Gesprächssituationen. Dill führt an: "Ich habe mich in letzter Zeit ziemlich weit von *mir* entfernt"[31] Durch die Aufgabe des 'Ichs', im Sinne östlicher Philosophie, wären solche Situationen überwindbar.
Dill vermischt in dieser Argumentation Verwendungsweisen des 'Ichs'. Er spricht vom psychoanalytischen 'Ich', das Teil einer Theorie ist, verwendet aber in seiner Gesellschaftskritik das umgangssprachlich gebrauchte 'Ich', mit dem ein Sprecher auf sich selbst referiert, wie z.B. in der Äußerung: "Ich bin, der ich bin"[32].
Warum ist die Gegenwart so schlecht auszuhalten? Ich zitiere einige Äußerungen eines fraglichen Abschnittes, in dem Dill durch Wortspiele allmählich zu einer vollkommen anderen Bedeutung von Worten gelangt.

> "Das bewußte Erleben der endlosen Gegenwart /.../ Endlosigkeit bedeutet auch im wörtlichen Sinne lange Weile, also lange Zeit. Für Heidegger war die tiefe Langeweile die Grundstimmung für das Philosophieren seiner Zeit/.../"[33]

Die Konzentration auf die Gegenwart sei deshalb so unangenehm, da sie langweilig sei. Gegenlicht: Die Konzentration auf die Gegenwart kann die Zeit verfliegen lassen. Sie ist angestrebte, erfüllende Lebenshaltung. Wahre, beglückende Begegnung ist für Martin Buber nur in der Gegenwart möglich[34].

---

31 Dill, Warum es dennoch besser ist, nicht man selbst zu sein, in: Dill, 1990b, S.90
32 Dill, ebenda, S.91
33 Dill, Endlose Gegenwart, in: Dill, 1990b, S.105
34 vgl. Buber Martin, Das dialogische Prinzip, Heidelberg 1979[4]

Eigenwillige Definitionen

Das Denken: 'Denken' als 'sich seiner Selbst als denkendes Subjekt bewußt zu werden' zu definieren, ist sehr allgemein gehalten. Dill schreibt nur von sprachlichem Denken, das er zudem an einigen Stellen mit Reden gleichsetzt.

> "Nur in der Begegnung und im Dialog mit anderen wird das Denken zum Philosophieren. Philosophieren besagt dabei nur, daß das eigene Denken durch einen Gesprächspartner befragt wird."[35,36]

Würde man die Notwendigkeit eines Gesprächspartners für das Philosophieren anzweifeln, wäre sein ganzes Konzept schon in Frage gestellt.[37]

---

35 Dill, Versuchen, nicht zu denken, in: Dill, 1990b, S. 18
36 vgl. andere Philosophen, die Philosophieren als einen Prozeß verstehen, der von innen heraus drängt und der niemanden braucht, der das Philosophieren anregt. Z.B. Wilhelm Weischedel, Recht und Ethik, 1955 :
"In der Tat: die philosophische Frage ist eine gefährliche Sache. Philosophieren ist aus seinem Wesen heraus radikales, an die Wurzel gehendes Fragen, und wer sich darauf einläßt, dem kann es geschehen, daß ihm der Boden unter den Füßen weggezogen wird und alles in den Wirbel der Fraglichkeit hineingerissen wird. Die "Skepsis" des Philosophen ist also nicht Leidenschaft für den Zweifel um des Zweifels willen. Sie entspringt vielmehr aus dem Willen, zur Wahrheit und zu letzten Wahrheiten zu gelangen, doch in der Sorgfalt, die alle sich anbietenden Wahrheiten, auch die selbstgefundene kritisch prüft."
37 vgl. Cailleux Michel, Zur Frage 'Was ist Denken?' Eine grammatische Betrachtung nach Wittgenstein, in: Sprechen - Denken - Praxis, hrsg. Simon G. und Straßner E., Weinheim & Basel 1979, S.271
Sammlung von Äußerungen auf S.283:
"Lassen Sie ihn doch denken!"
"Denke, einer riefe plötzlich:"Ich denke!" im gleichen Ton wie:"Ich bin gesund!""
"Ich denke, daß er morgen kommt."
"Er sagte, was alle nur im Stillen dachten."
"Denke dir verschiedene Geschichten aus..."
"Wo denken Sie hin?" etc.

Mündigkeit: Es sei ein Paradoxon, daß Menschen nur aufgrund ihrer Mündigkeit in die Praxis kämen, obwohl ihr Anlaß zu kommen ja Unmündigkeit im Denken sei. Das Paradoxon würde sich meiner Meinung nach in Nichts auflösen, wenn nicht in mündige und unmündige Menschen aufgeteilt würde, sondern in mündige und unmündige Handlungen.
Setzungen: Menschen hielten an Setzungen fest. Setzungen sollten lediglich als Intermezzo angesehen werden, die im Idealfall mit Leichtigkeit aufgegeben werden könnten. Dill läßt dabei außer Acht, daß Setzungen Handlungsrichtlinien sein können. Was ist mit der Handlungsfähigkeit in Situationen der Ungewißheit? Und um Setzungen aufgeben zu können, bedarf es der Gewißheit, daß neue gefunden werden.
Mit seiner Forderung, Setzungen mit Leichtigkeit aufzubauen und abzubauen, relativiert Dill die Qualität solcher Setzungen. Alle sind für ihn gleich wichtig oder unwichtig. Hauptsache, sie können schnell aufgegeben werden.

2.5. Dr. Günther Witzany[1,2]

> Aufgabe und Ziel der PHILOSOPHISCHEN PRAXIS, wie ich sie betreibe, ist ein Projekt der Moderne: Aufklärung, Selbstbewußtsein, Selbstbestimmung, begründete Hoffnung durch grundlegendes Wissen.[3]

(1) Zur Person

Günther Witzany wurde 1953 in Salzburg geboren.
Von 1975 bis 1980 studierte er Philosophie, Moraltheologie und Politikwissenschaften in München und Salzburg. Das Studium beendete er mit einer Arbeit über "Das Problem einer rationalen Begründung der Ethik bei K.O.Apel". Daran schloß er eine Promotion mit dem Thema "Transzendentalpragmatik und Ek-sistenz" an. Seit 1987 arbeitet Witzany an seiner Habilitation "Natur der Sprache - Sprache der Natur".
Parallel zu seinen philosophischen Studien setzte Witzany sich jahrelang mit psychotherapeutischen Modellen und Behandlungsmethoden auseinander.

---

1 verwendete Literatur von und über Witzany:
   - Witzany Günther, Die Philosophische Praxis als Arbeitsmöglichkeit von/für Philosophen ..., Privatskript 1988a
   - Witzany Günther, Beschreibung des Lebenswegs und Motive der Initiatoren des Projekts, u.a., Privatskript 1988b
   - Witzany Günther, Philosophieren in einer bedrohten Welt - Vorträge und Essays wider die technokratische Vernunft, Essen, 1989a
   - Witzany Günther, Zu den Fragen im Einzelnen, Privatskript 1989b
   - Prospekt zur Veranstaltungsreihe "Philosophie am Platz", Studienzentrum, Klagenfurt, 1989
   - Vergessenes wiederentdecken, in: Salzburger Nachrichten vom 21.01.89
   - Lehrer und Waffenstillstandszone, in: Salzburger Nachrichten vom 21.01.89
   - Höll Andrea, Alternativ-Techno-Z soll in den Pinzgau kommen - in der Nationalparkregion wird Standort gesucht, in: Pinzgauer vom 31. Mai 1990
2 Literaturhinweis:
   - Achenbach, Rezension von Witzanys Buch in AGORA, Okt. 1989, S.7
3 Witzany Günter, 1988b, S.6

Während seines Studiums arbeitete Witzany an verschiedenen Arbeitsstätten und erörterte dort mit Menschen aus unterschiedlichen Berufssparten philosophische Probleme. Er erwarb sich durch diese Begegnungen und Gespräche, wie er selbst erklärt, gute Menschenkenntnis. Dabei bemerkte er ein großes Interesse an philosophischem Gedankenaustausch. Zudem erlebte er die Gespräche mit "unmittelbar im Alltag" stehenden Menschen als wesentlich fruchtbarer als universitäre.
Mit dem Ende seines Studiums dachte er an die Gründung einer Philosophischen Praxis. 1985 eröffnete er dann die erste Philosophische Praxis in Österreich. Er berät in den Bereichen Politik, Wirtschaft, Wissenschaft und Kunst. Damit möchte er dem Interesse am philosophischen Dialog, das er bei vielen Menschen wahrnahm und wahrnimmt, ein Angebot machen. Naturgemäß können diesem Interesse weder die "Therapieszene" noch die universitären Seminare, die Kommunikationsprobleme mit der umgangssprachlich erschlossenen Lebenswelt haben, entsprechen.
Zu Witzanys weiteren Aktivitäten zählen seit 1986 die Herausgabe der Vierteljahresschrift "ARCHE NOVA - Ideenforum für Wertewandel und Friedensforschung". Daneben arbeitet er als Vortragender in der Erwachsenenbildung. Mit J.B.Schörkmayr aus Graz entwickelt er seit 1984 ein völlig neues Musiktherapiekonzept. Das 'NO PROBLEM MUSIC-Therapiekonzpt' ist für geistig und geistig-körperlich behinderte Erwachsene gedacht. Witzany ist weiterhin engagiert in einer Initiative um den Nationalpark Hohe Tauern. Dort soll das erste Alternativ-Technologie-Zentrum Österreichs nach dem Vorbild des walisischen Technologiezentrums Machynlleth entstehen.[4] Diese Aktivität nimmt zunehmend mehr Raum ein. 1991 hielt Witzany an der Universität Klagenfurt eine Vorlesung über: 'Transzendentalpragmatik - eine Einführung'. Außerdem arbeitet er an einem Vorlesungskonzept, mit dem er Absolventen des Philosophiestudiums, die philosophische Praktiker und Praktikerinnen werden möchten, eine Zusatzqualifikation anbieten will.

---

4 Höll, 1990

Er bezeichnet sich selbst als so vielseitig interessiert, daß er sich die Vielzahl seiner Aktivitäten erhalten und nicht nur seine Philosophische Praxis betreiben will.
Von Achenbachs Praxis wurde er angeregt. Mit Dill in Berlin steht er in Kontakt.

(2) Die persönliche Philosophie

In seinem Vortragsband "Philosophie in einer bedrohten Welt" legt Witzany seinen philosophischen Hintergrund dar. Da er damit auch die Einzelgespräche in seiner Philosophischen Praxis motiviert, stelle ich die Grundzüge vor.
Als seine Hauptthese läßt sich formulieren: Die unmittelbare Lebenswelt ist Sinngrund zur Reflexion. Witzany sieht, daß die Lebenswelt durch "Erlöschen der Liebe zum Leben"[5] zerstört wird. Den Sinn unseres Lebens sieht er in der Nutzung der verbliebenen Freiheit, um die Freiheit für die zukünftigen Generationen zu vergrößern.

> "Die notwendigsten Lebensbedingungen, auf die der Mensch angewiesen ist und ohne die er zugrunde geht, sind sauberes Wasser, saubere Luft, ein guter Boden zum Fruchtanbau, speziell für die Stabilität seines Gemüts eine intakte Naturlandschaft und, nicht zu vergessen, eine soziale Gemeinschaft, der er sich zugehörig fühlen kann, und die ihn als Mitmenschen akzeptieren."[6]

Fällt eine dieser Bedingungen weg, nimmt der Mensch Schaden, fallen zwei weg, wird er nicht überleben.
Das Gleichgewicht der äußeren Lebensbedingungen sieht Witzany durch einen atomaren Holocaust, eine ökologische Katastropheneskalation und eine Technik, die den Menschen beherrscht, bedroht.
Witzany analysiert dazu unter anderem die naturwissenschaftliche Forschung. Sie unterstehe immer mehr den Regeln der Technokratisierung. Der Naturwissenschaftler, als Mittler zwischen Mensch und Natur gedacht, spioniere die Natur aus.

---

5 Witzany, Die Liebe zum Leben - Zukunft der Erde, in: Witzany, 1989a, S.27
6 Witzany, Der Nationalpark Hohe Tauern aus der Sicht der Philosophischen Praxis, in: Witzany, 1989a, S.78

"Als Zauberlehrlinge einer geistlosen Verfügbarmachung von Natur und Naturgesetzen liefern sie jene Mittel, die ein Weiterleben auf dieser Erde unmöglich machen können."[7]

Die Forschung ist abhängig von politischer und wirtschaftlicher Lancierung. Nur in einer moralisch unterentwickelten Gesellschaft ist ein solcher Mißbrauch möglich.

Als Grund für die Maßlosigkeit der Forschung nimmt Witzany tiefsitzende Ängste an. Er verweist beispielhaft auf die Weltraumforschung. Aus Angst vor der Dunkelheit wird versucht, die Tiefen des Weltraums auszuleuchten. Unmengen von Geld werden investiert. Angst aber verhindert Menschlichkeit[8]. Die Erforschung des Weltraums und die Rüstungsausgaben sind angesichts von Hunger, Armut und anderen Mißständen auf der Erde den jetzt Lebenden gegenüber unmoralisch. Die Zerstörung der Umwelt samt Entsorgungsaufgaben ist kommenden Generationen gegenüber unverantwortlich. Die Forschung im Genbereich zeugt von einem mechanistischen Menschenbild, mangelnder ethischer Reife und dem Wunsch alles verfügbar und kontrollierbar machen zu wollen.[9] Noch nie sei ein Jahrhundert so grausam gewesen wie dieses.

Den geschichtsphilosophischen Hintergrund für diese Entwicklung sieht Witzany in der Verflechtung von griechischer Philosophie und christlich-jüdischen Glaubensinhalten zu einer technokratischen Denkweise. "Der Schöpfer darf nicht eingreifen, war es ihm mit seinem freien Wesen "Mensch" ernst."[10] Begleitet wird diese Einstellung von Fortschrittsgläubigkeit und dem Wertefreiheitsprinzip der empiristischen Wissenschaftstheorien, die die Wissenschaftler von jeglicher Verantwortlichkeit befreien.

Ein zunächst mythologisch begründeter Wertekodex wurde bis in unser Jahrhundert hinein von einer Individualethik abgelöst. Dies genügte zum Funktionieren von Familie, Staat und Gesellschaft. Durch die vielfältigen und weltumfassenden Probleme ist heute jedoch eine Globalethik gefordert.

---

7   Witzany, Die Philosophische Praxis als arche, in: Witzany, 1989a, S.45
8   vgl. Witzany, Die Liebe zum Leben - Zukunft der Erde, in: Witzany, 1989a, S.32
9   vgl. Witzany, Die Philosophische Praxis als arche, in: Witzany, 1989a, S.45f
10 Witzany, ebenda, S.47

Seiner hier dargestellten Analyse entsprechend, sieht Witzany verschiedene Ansatzpunkte für eine Umorientierung:

Um die Grundlagen für den Eigen- und Gemeinbestand zu sichern, muß verständigungsorientiert gehandelt werden, d.h. die eigene und die gemeinsame Lebenswelt -und damit der Zustand der Natur- müssen unweigerlich mitbedacht werden. Dies nennt Witzany 'biophile Sinnorientierung'[11].

Wertfreie Wissenschaft gibt es für ihn nicht. Deshalb müssen Wissenschaftler die kurz-, mittel- und langfristigen Folgen ihrer Forschungen bedenken und verantworten. Witzany sieht die Aufklärung über Technikfolgen als wesentliche philosophische Aufgabe an. Dabei beachtet er, daß Menschen diesen Einsichten gegenüber unterschiedlich offen sein können und davon abhängend die Gesprächsbereitschaft schwanken kann.[12]

Über die eigene Statsgrenze hinaus sollte die Chance eines vereinten Europas nicht in der Weiterentwicklung von Hochtechnologien gesehen werden, sondern in gemeinsamer Einübung in neue moralische Werte und in Verantwortlichkeit für die Technikfolgen, die mittlerweile weltweit zu beobachten sind.

Um eine ökologisch gesunde Umwelt zu schaffen, müssen Techniken entwickelt und benützt werden, die die Umwelt und das Menschsein lebensfähiger, "und das heißt auch moralisch hochentwickelt gestalten"[13]. Denn

> "oberstes Ziel zur Erreichung eines sinnerfüllten und glücklichen Lebens ist nach allen modernen Befunden aus Psychologie, Philosophie und Soziologie, der innerlich und äußerlich gesunde Mensch, der in Harmonie mit der ihm inneren und äußeren Natur zu handeln vermag."[14]

Bildungspolitisch heißt das, daß Erziehung und Bildung auf einen friedfertigen und bewußten Umgang von Individuen und Umwelt abzielen müssen. Erst dies ermöglicht Menschen, Verantwortung zu übernehmen, in die Zukunft zu denken, d.h. an das Weiterleben der Menschheit zu glauben und moralische Defizite aufzuheben.

---

11 vgl. Witzany, Die Liebe zum Leben - Zukunft der Erde, in: Witzany, 1989a, S.25ff
12 Witzany, ebenda, S.35
13 Witzany, Von der Individualethik zur Globalethik, in: Witzany, 1989a, S.22
14 Witzany, ebenda, S.21

Philosophie kann dabei zwischen dne verschiedenen Expertenmeinungen vermitteln und Interpretationsbeistand leisten.

"In einer Zeit des überschwappenden Expertentums finde ich die integrative Interpretationsleistung von Philosophen als kulturelle Aufgabe, der technokratischen Monokultur eine lebensfähige Vielfalt unterschiedlichster kultureller Initiativen gegenüberzustellen, zu unterstützen, zu beraten und sich mit diesen selbstbestimmten Initiativen zu solidarisieren."[15]

Hier könnte "die Sachkompetenz der Philosophen für Probleme der realen Lebenswelt dienstbar"[16] gemacht und philosophisches Wissen breitenwirksam dem Expertenwissen entgegengestellt werden.

Nur eignet sich nicht jede Art des Philosophierens für diese Aufgabe.[17] Philosophie als 'poesis' sei am ehesten in der Lage, Bereiche verschiedener Lebenswelten zusammenzubringen. Sie ist die Kunst der rechten Wahrheitssuche, die zugleich Kunst der rechten Liebe zum Leben ist. Sie faßt die Zeit in Gedanken, interpretiert wissenschaftliche Forschungen und kulturelle Entwicklungen und verhilft zu einer entsprechenden Lebenspraxis. Sie bewährte sich ausgehend von Nietzsche in der Existenzphilosophie.

Philosophie als 'theoria' dagegen faßt ihre Zeit nicht, da sie über das Alltägliche den Grund des Lebens erfassen und Prinzipien entdecken will. Philosophie als 'praxis' geht ebenfalls über das Jetzt hinweg, da sie Modelle produziert, wie es zu sein hat, und ihrer Zeit damit ständig vorauseilt.

"Läßt Philosophie nämlich den konkreten Bezug zur realen Lebenswelt vermissen, gebraucht sie Vernunft nicht, um das Recht zukünftiger Generationen auf Leben zu gewährleisten, so ist sie keine philosophia, sondern reiht sich als Anachronismus in die "Internationale der Weitermacher" und devolutioniert die "Liebe zu Weisheit"-GmbH in eine "Ausweglose Selbstvernichtungs KG" (Komm-Bandit-mach-mit-Gesellschaft)."[18]

---

15 Witzany 1988b, S.5
16 Witzany 1988b, S.6
17 Witzany, Ist die Philosophie in der Lage, ihre Zeit in Gedanken zu fassen?, in: Witzany, 1989a, S.57ff
18 Witzany, ebenda, S.60

Kurz nach Sokrates verselbständigte sich die Philosophie als Institution und entfernte sich vom wachen Alltagsbewußtsein. Wörter und Begriffe wurden verwendet, die im Alltag nicht mehr zu verstehen waren und in formale Sprache mündeten. Philosophen trafen daher kaum den Zeitgeist, waren nicht in der Lage, ihre Zeit in Worte zu fassen, da sie lieber an einem Begriffsgebilde in einer abstrakten Sprache herumbastelten. In der Philosophietradition wird klassischerweise zwischen Natur- und Kulturgeschichte getrennt. Die Verbindungen zwischen beiden Bereichen werden nicht gesehen und so auch nicht philosophisch reflektiert. Aber "Philosophie als "Liebe zur Weisheit" schließt eine aktive Liebe zur Natur mit ein."[19]

Philosophische Praxis ist ein Ort, an dem Philosophie Bezüge zur realen Lebenswelt bekommen kann. Das gemeinsame Philosophieren war bei den griechischen Naturphilosophen Philosophische Praxis. Um die Mythen zu überwinden, wurden die Prinzipien der Natur erforscht. Gleichzeitig war Philosophische Praxis das gemeinsame Handeln - "sich gemeinsam vor den Unbilden der Natur schützen, sich seiner eigenen Natur entsprechend mit anderen Menschen friedlich zu einer Gemeinschaft organisieren"[20]. Dieses Handeln heißt philosophisches Handeln, weil dem Tun das Denken vorausgeht. Im 20.Jh. wäre Philosophieren und philosophisches Handeln in genau diesem Sinne wichtig, um Katastrophen zu verhindern.
Philosophische Praxis ist immer Ursprung des Denken-Wollens und mißtraut grundsätzlich allen sicherheitsversprechenden Ideologen und Dogmatikern aus Wirtschaft, Politik und Wissenschaft. Sie verweist auf Geschichte und Geschichtlichkeit, weil hier das Erkennen von Fehlern möglich ist.

Mit seinem Konzept Philosophischer Praxis grenzt Witzany sich außer gegen die traditionelle Philosophie auch gegen jegliche Psychotherapie ab.

---

19 Witzany, Der Nationalpark Hohe Tauern aus der Sicht der Philosophischen Praxis, in: Witzany, 1989a, S.78
20 Witzany, Die Philosophische Praxis als arche, in: Witzany, 1989a, S.41

Philosophische Praxis ist keine Art von Psychotherapie. In psychologischen, psychotherapeutischen und psychoanalytischen Theorien wird der Mensch in naturwissenschaftlicher Methodologie als Maschine betrachtet, die nach mehr oder weniger klaren Naturgesetzen funktioniert und, im Falle einer Dysfunktion, repariert werden kann. Mit ihren Theorien begründe die Psychoanalyse dabei z.b. die Auffassung einer Vererbung von Gewaltbereitschaft: Mit der Theorie vom Ödipuskomplex werden einem Kind der Wunsch nach Vatermord und Inzest unterstellt. Einer "sozialphilosophischen Kulturkritik der Gewalt [stehe - M.B.] sie hilflos gegenüber"[21]. "Die Psychoanalyse halte ich in ihrer derzeitigen Form für unverantwortlich. Von dieser Form der Schwindelwissenschaft grenze ich mich deutlich ab."[22]

In einem psychotherapeutischen Gespräch kommen verlorengegangene Sinninhalte nicht zu Wort. Psychotherapeuten verfügen über keine Orientierungshilfe. Thematisch sind sie z.B. mit Fragen der politischen und wirtschaftlichen Normendurchsetzung überfordert. Stattdessen trifft man auf "wahrsagerähnliche Deutungszwänge im Rahmen fragwürdiger Theoriekonstruktionen (z.B. Ödipustheorem)".[23]
"Die bei schweren psychischen Störungen notwendige helfende Intervention kann sie [die Philosophische Praxis - M.B.] und darf sie jedoch nicht ersetzen wollen."[24] Falls Witzany bemerkt, daß ein Besucher unter starkem psychischen Druck steht, verweist er "ihn sofort an Vertreter des Gewerbes, das sich mit seelischen Problemen professionell beschäftigt."[25]

> "Während die Psychotherapien mehr oder weniger in der Behandlung seelischer Probleme (Gemütsprobleme, somatische Probleme) kompetent sind, widme ich mich der Bereitstellung eines Gesprächsforums für geistige Probleme persönlicher und nichtpersönlicher Art, für deren Besprechung Psychotherapeuten oft inkompetent sind."[26]

---

21 Witzany, Was ist das - Philosophische Praxis, in: Witzany, 1989a, S.15
22 Witzany, 1988a, S.3
23 Witzany, Die Liebe zum Leben - Zukunft der Erde, in: Witzany 1989a, S.39
24 Witzany, Was ist das - Philosophische Praxis, in: Witzany, 1989a, S. 17
25 Witzany, 1988a, S.2
26 Witzany, 1989b

(3) Das Gespräch

(3.1) Was Menschen bewegt, in die Praxis zu kommen

Besonders liege den Besuchern der ethische Problemhorizont der alltäglichen Lebenswelt am Herzen. Besprochen werden die Bedrohung der realen Lebenswelt, das Auseinanderbrechen traditioneller Lebensformen und Lebensformgemeinschaften, mögliche Verantwortungsübernahme oder Fragen der Moral am Arbeitsplatz.

"Viele Gesprächspartner nutzen die Philosophische Praxis zur Findung sogenannter postmaterieller Werte, Lebenssinn, Lebensfreude, Qualität des Lebensbewußtseins. Politiker interessiert neben Diskussionen um Lebensqualität das Problem der Verantwortung und pragmatischer Ansätze der Verantwortungsübernahme."[27]

Das gemeinsame wissenschaftstheoretische Reflektieren über wissenschaftliche Themen ist ebenso möglich. Witzany betont, daß er nur ethisch rechtfertigbare Unternehmungen unterstütze. Beamte lassen sich von ihm wissenschaftstheoretische Gutachten erstellen. Studenten berät er ganz konkret bei der Auswahl und Durchführung von Diplom- und Dissertationsthemen. Auch hier legt Witzany das Augenmerk darauf, daß Thema und Methode ethisch zu rechtfertigen sind. Sein Motto:"Verantwortete Wissenschaften allein haben Chancen sich rational zu begründen und zu rechtfertigen."[28]

---

27 Witzany, 1988a, S.2
28 Witzany, 1988b, S.2

(3.2) Die Gesprächspartner

Um heute in einen philosophischen Dialog treten zu können, müssen die Gesprächspartner anerkennungsfähig und wahrheitsfähig sein und sich gegenseitig ernst nehmen.[29] Witzany geht davon aus, daß der Mensch ein Sozialwesen ist und "das Funktionieren einer sozialen Gemeinschaft im wesentlichen vom Gelingen der Kommunikation nach innen und außen"[30] abhängt. So bleiben dem Menschen nur zwei Verhaltensmöglichkeiten: Entweder er akzeptiert sich als Mitglied der Kommunikationsgemeinschaft, als "Argumentations- und Normensubjekt"[31] oder er verweigert die Gemeinschaft. Witzany sieht seine eigene Praxis "im Rahmen der Möglichkeit einer rationalen Begründung ethischer Normen".[32]

Der Betreiber

Witzany betont den strikt kommerziellen Rahmen seiner philosophischen Beratungstätigkeit. Die Preise für ein Gespräch schwanken je nach Einkommen der Besucher zwischen 800.-ÖS (Politiker, Manager, Entscheidungsträger) und 100.-ÖS (Studenten)[33]. Nach Witzanys Erfahrung dienen die ersten drei bis vier Jahre in einer Praxis als Anlaufzeit. Danach aber könne durchaus der Lebensunterhalt damit verdient werden. Allerdings muß energisch in Form von Rundfunkbeiträgen, Vorträgen, Diskussionen etc. dafür geworben werden.
Im Gespräch nimmt der Philosoph keine Heilerfunktion ein. Er muß in der Lage sein, sich vom Sprachgebrauch der Hochschule zu lösen und sich einer alltäglichen Sprache zu bedienen.

---

29 vgl. Witzany, Was ist das - Philosophische Praxis?, in: Witzany, 1989a, S.16
30 Witzany, Die Liebe zum Leben - Zukunft der Erde, in: Witzany, 1989a, S.34
31 Witzany, ebenda, S.34
32 Witzany, Einleitung, in: Witzany, 1989a, S.11
33 vgl. Witzany, 1988b, S.4

Eine ausgeprägte Menschenkenntnis ist gerade bei der Einschätzung, ob die Probleme des Gesprächspartners eher geistiger oder eher psychischer Art sind, notwendig. Ebenso unerläßlich ist diese Menschenkenntnis bei der Beurteilung der Belastung durch das aktuelle Gespräch und den Gesprächsrahmen, wie z.B. der Gesprächsdauer. Eine solche Menschenkenntnis muß langjährig geschult sein und ist nicht in "Schnellsiederkursen"[34] zu erreichen.
Sinnvoll ist außerdem eine wissenschaftstheoretische Kompetenz.

Der Besucher

Witzany erwartet zurechnungsfähige Gesprächspartner, da es im philosophischen Gespräch naturgegebenerweise um geistige Themen gehe.
Menschen mit wachem Alltagsbewußtsein aus den verschiedensten Berufsbereichen kommen: Hausfrauen, Sozialarbeiterinnen, Lehrer, Arbeiter, Bauern, Beamte, Politiker, Künstler, Architekten, Elektroingenieure, Pensionisten.[35]

(3.3) Die Gesprächssituation

Die Menschen, die an einem Gespräch interessiert sind, vereinbaren einen Termin mit Witzany. Treffpunkte sind entweder deren Wohnungen, Wirtshäuser oder Witzanys eigene Räume. Manchmal spaziert oder wandert er mit seinen Besuchern. Meistens werden zweistündige Gespräche gehalten. Neuerliche Zusammenkünfte ergeben sich je nach Bedarf.
Bewährt hat sich die Praxis bei Entscheidungsträgern aus Politik, Wirtschaft und Wissenschaft, die ihre Entscheidungen nicht aufgrund einer Expertenmeinung treffen wollen, von einer integrativen Interpretationsleistung jedoch überfordert sind.

---

34 Witzany, 1988a, S.3
35 Witzany, 1988a, S.1

Auf das beidseitige Akzeptieren von Fehlern, auf Unvoreingenommenheit und freie gegenseitige Anerkennung legt Witzany Wert. Dies sagt er seinen Besuchern gleich zu Beginn eines Gespräches.[36]
Die Sprache soll die der Lebenswelt sein. Wobei eine unkonventionelle Art des Philosophierens interessanter ist als ein Gespräch "im Tonfall therapeutischer Praxen"[37].
Der Gesprächsverlauf selbst - und nicht nur das Thema - kann Anlaß zu Utopieentwürfen geben. Denn in einem freien Gespräch greifen beide Gesprächspartner bereits auf eine Minimalethik zurück. Nach Habermas nimmt jeder Gesprächsteilnehmer, der verständlich sein will, vier "Geltungsansprüche" an[38]:
1. Verständlichkeit einer Äußerung.
2. Wahrheit in Bezug auf den behaupteten Sachverhalt
3. Richtigkeit der angewandten Normen
4. Wahrhaftigkeit in der Intention einer Äußerung
Dies weist auf eine herrschaftsfreie Gesellschaft, bzw. eine ideale Kommunikationsgemeinschaft hin,"obwohl in der Praxis natürlich nur eine Annäherung an dieses formale Ideal erzielbar ist".[39]. Diese Idealsituation kann durch alltägliche oder allwöchentliche Gespräche in freier gegenseitiger Anerkennung eingeübt werden.
Ein weiteres Ziel der Reflexion des Gesprächsablaufs betrifft die Vermeidung von Scheinproblemen, die durch falsche Fragestellungen entstehen können. 'Meint der Sprecher auch das, was er aussagt?','Ist seine Sprachverwendung angemessen?', 'Ist er in diesem Sinne zurechnungsfähig?' Witzany knüpft an Wittgenstein an, der einen Großteil der philosophischen Probleme als Scheinprobleme entlarven wollte - in der Annahme, daß Sprache auf nicht sinnvolle Weise verwendet worden war. Und vor allem soll Philosophie Abstand nehmen von einem "nicht-sozialen, also solipsistischen Erkenntnissubjekt"[40].

---

36 vgl. Witzany, 1988a, S.2
37 Witzany 1988a, S.3
38 vgl. Witzany Günter, Die Liebe zum Leben - Zukunft der Erde, in: Witzany, 1989a, S.35
39 Witzany, 1989b, S.1
40 Witzany, Was ist das - Philosophische Praxis, in: Witzany, 1989a, S.16

In einer Dialogsituation der freien gegenseitigen Anerkennung kann die eigene Geschichte zur Sprache gebracht und die Verknüpfung zur 'Globalgeschichte' aufgezeigt werden. Persönliche Probleme stellen sich oft im Gespräch als Kommunkationsprobleme zwischen sich und der Umwelt dar.

> "In der Philosophischen Praxis kann die eigene Lebensgeschichte in erzählender Form so verdichtet werden, daß exkommunizierte Sinninhalte der Individual- und Sozialgeschichte wieder rekommuniziert, d.h. zur Sprache gebracht werden."[41]

Im Aufzeigen dieser Verbindungen können geschichtliche Zusammenhänge nahegebracht, die wechselweise Ergänzung von individueller Geschichte und von 'Global'-Geschichte verdeutlicht, Ursachen für die Installation der Technokratie aufgezeigt und deren Gefahren bewußt gemacht werden. 'Geschichte' bedeutet bei Witzany dann nicht nur ein Aufzählen von Fakten, sondern Erklären, Selbstaufklärung und Selbstverständigung[42]. Indem ein umfassendes Geschichtsverständnis geweckt wird, kann in der Philosophischen Praxis Verantwortung für die je eigene Geschichte gefördert werden.

> "Denn [erst - M.B.] als ganzer Mensch, im Bewußtsein seiner ganzen Geschichte ist er als Teil einer verantwortungsfähigen Gemeinschaft zurechnungsfähig."[43]

(3.4) Das Ziel

> "Ziel dieser Philosophischen Praxis ist ein dynamischer Bildungsprozeß, der einem hilft, den personalen Lebensentwurf möglichst selbstbewußt und selbstbestimmt zu gestalten, ohne dabei die Grenzen der eigenen Möglichkeit zu unter- oder zu überschätzen."[44]

---

41 Witzany, Was ist das - Philosophische Praxis, in: Witzany, 1989a, S.15
42 vgl. Witzany Günter, Die Liebe zum Leben - Zukunft der Erde, in: Witzany, 1989a, S.37
43 Witzany Günter, Was ist das - Philosophische Praxis?, in: Witzany, 1989a, S.17
44 Witzany, Der Nationalpark Hohe Tauern aus der Sicht der Philosophischen Praxis, in: Witzany, 1989a, S.77

In intensiven Gesprächen sollen der Horizont der Besucher erweitert, festgefahrene Weltanschauungen durchbrochen, das Verstehen der eigenen Motive verbessert - "um im Hören des Gesagten auch das eigene Selbst zu hören"-, das Erkennen seiner selbst als sozialem Wesen gefördert und die Ausdrucksfähigkeit für eigene Gedanken sowie für die Dinge der umgebenden Wirklichkeit geschult werden. Dies führt zu größerer Mündigkeit. Neue und ungewohnte Handlungen können entworfen werden -"um im Dialog an Zukunftsentwürfen zu feilen und zu planen".

Die Verantwortungsfähigkeit wird gefördert -"um die eigene Geschichte und Verantwortung nicht an der Garderobe eines "Heilers" abgeben zu müssen".[45] Im philosophischen Dialog geht es um das 'Wiederauffinden' von Werten, Normen, Phänomenen etc. "Philosophische Praxis soll durchaus Sinn stiften"[46], soll zum Nachdenken über lebensstiftendes 'Tun und Lassen' anregen, soll Orientierungshilfen geben. Die Freiheit kann wiederentdeckt werden, um sich gegen die Massen zu wehren. Wichtig ist, daß dies kommunikativ geschieht und nicht solipsistisch. Im politischen und wirtschaftlichen Bereich betrachtet Witzany es als ethische Pflicht, seine Gesprächspartner auf gangbare Wege der sozialen Lebensgemeinschaft aufmerksam zu machen. Ihm ist es wichtig, daß der ethische Relativismus abnimmt, was seit der 'transzendentalen Sprachpragmatik' K.O.Apels möglich ist.

Für die Philosophie bedeutet die Auseinandersetzung mit diesen Fragen den Eintritt in die reale Lebenswelt. Witzany meint, daß Philosophie sich nur dann zu rechtfertigen vermag, wenn sie an der "sozialemanzipatorischen Veränderung bestehender Gesellschaftssysteme arbeitet, das Leiden versehrbarer Individuen mildert oder zumindest zu verhindern versucht".[47]

---

45 alle in diesem Abschnitt angeführten Zitate enstammen aus: Witzany, Was ist das - Philosophische Praxis?, in: Witzany, 1989a, S.13
46 Witzany, ebenda, S.16
47 Witzany, 1988b, S.3

(4) Der Kommentar

Witzanys Gesprächsregeln sind im Rahmen einer idealen Kommunikation zu sehen. Witzany ist in seinen normativen Forderungen von Apel und Habermas beeinflußt. An einigen Stellen verweist er explizit auf diese beiden Philosophen, an anderen Stellen legt seine Argumentationsweise dies nahe. Ein weiterer Hinweis auf diese Quelle ist seine Diplomarbeit über das "Problem einer rationalen Begründung bei K.O. Apel".

Ist ein Mensch zur Kommunikation bereit, impliziert dies - nach Witzany - bereits die Zustimmung zu einer Minimalethik, aufgrund derer erst ein Dialog möglich ist. Von dieser Minimalethik ausgehend entwirft Witzany Umgangsnormen für eine Ideal-Gemeinschaft (Wahrhaftigkeit, Verständlichkeit, Richtigkeit, Wahrheit in gegenseitiger Anerkennung). Allerdings setzt er dabei zum einen schon den guten Willen der Gesprächspartner zu einer idealen Kommunikation voraus, zum anderen wendet er sich ausschließlich an Menschen, die zu einem rein intellektuellen Zugang fähig und dafür auch aufgeschlossen sind. Inwieweit er jedoch von einem solchen Menschenbild ausgehen kann, ist angesichts der vielen spontanen, emotionalen, intellektuell nicht begründeten Entscheidungen, die wir tagtäglich treffen, fraglich.

Abgesehen von dieser, für mich problematischen Anthropologie mißt er der idealen Dialogsituation eine zu hohe Stellung bei, was die Auswirkung auf den darin zu klärenden Inhalt angeht. Denn er nimmt an, daß alleine schon das Erlebnis der idealen Dialogsituation, unabhängig von hermeneutischen oder argumentativen Anteilen, Sinn stiftet Anders ausgedrückt: Allein die Form gebiert den Inhalt. Und weitergehend wirkt sich die Form - Voraussetzung sind regelmäßig stattfindende Gespräche zur Einübung - auf die Gesellschaft aus.

Mit seinen Vorträgen und Essays will er durch Polemik - wie er im Interview beschreibt - Betroffenheit erreichen. Für seine Gespräche dagegen fordert er gegenseitige Anerkennung, Offenheit und Akzeptanz. Ein auffallender Widerspruch. Natürlich steht Witzany am Vortragspult und beim Gespräch in einer jeweils anderen Situation. Einmal muß er schnelle Publikumswirksamkeit erreichen. Das andere Mal führt er in intensiven Einzelgesprächen. Trotzdem wirken seine ethischen Forderungen für das Einzelgespräch nicht ganz glaubwürdig, wenn er sie in öffentlichen Auftritten durchbricht.
Ähnliches gilt für sein Plädoyer für die Alltagssprache. Mit der Eröffnung seiner Philosophischen Praxis wollte er sich bewußt gegen das "universitäre Sprachspiel" abgrenzen, in dem der Alltag nicht mehr verhandelt wird. Er sieht einen geraden Weg von der Abstrahierung zur Formalisierung der Sprache und damit ein direktes Zusammenspiel zwischen Logik und Naturwissenschaft. Vermutlich spielt er auf die Logiker des Wiener Kreises um Carnap an, die eine einheitliche Wissenschaftssprache schaffen wollten.
Ob Stellen aus seinem Buch, wie nachfolgend zitierte, jedoch alltagssprachlich sind, mögen Leserin und Leser selbst beurteilen:

> "Die nekropneumatische Besessenheit, die Funktionssysteme Natur und Mensch strategisch verfügbar zu machen, die angestrebte Allmacht über das gesamte "Großbiotop Erde" verklärt sich in Technologieutopien, die voller Überzeugung als zukünftige Werte gepriesen werden und einer biopneumatischen Lebensform den Schauder einjagen; dem lichtmetaphysischen Erkenntniswahn zur Seite steht eine in vieler Hinsicht nüchterne symbiotische Ergänzung:/.../"[48]

Mit solchen Äußerungen durchbricht er zudem die Regel der Verständlichkeit, wie er sie für seine Gespräche fordert.[49] Auf diesen Kritikpunkt erwidert er im Interview, daß die Zuhörerinnen und Zuhörer bei unverständlichen Ausdrücken nachfragen würden.

---

48 Witzany, Die Liebe zum Leben - Zukunft der Erde, in: Witzany, 1989a, S.32
49 vgl. Witzany, ebenda, S.35

Witzanys philosophische Überlegungen zum Gesprächsablauf überzeugen auf den ersten Blick ebenso wie seine Welt- und Gesellschaftsanalysen. Es stimmt, daß die Umwelt verschmutzt wird, daß Menschen nicht richtig spielen können, daß durch Erziehung Persönlichkeitszüge bei Kindern unterdrückt werden etc..
Allerdings stellt sich bald Unzufriedenheit ein, da solche Analysen jeweils recht plakativ sind. Witzany stellt die Tatsachen dar, die in sein Schema passen. Die Zerstörung der Umwelt, die Witzany als Hauptproblem darstellt, werden andere kritische Menschen wahrscheinlich als eines unter anderen Problemen verstehen. Ich erwähne hier nur Fragen der Abrüstung, der 3. Welt, Ausländerfragen, Behinderte etc.
Auf differenziertes Argumentieren, das positive und negative Tendenzen berücksichtigt, läßt er sich nicht ein:

Beim Erläutern der Zerstörungsmechanismen der Umwelt weist er z.B. nicht auf die Diskussion von Umweltproblemen quer durch alle Parteien - außer den rechtsradikalen - oder auf Werbekampagnen der Industrie, die mit Umweltschutz, -schonung werben, hin und bewertet sie.

Menschen beklagten, daß alte gesellschaftliche Strukturen zerstört würden. Witzany erwähnt jedoch nicht, daß dies z.B. neue Wohnformen, leichteres Wechseln durch gesellschaftliche Schichten oder ein etwas einfacheres gesellschaftliches und berufliches Leben für Frauen ermöglicht.

Witzany erscheint in seinen Zustandsbeschreibungen wie ein Pädagoge, der meint, über Negativbeschreibungen die gewünschten Gegenreaktionen zu erreichen. Leider klingt dies sehr moralisierend, sogar eher abschreckend. Welche Eltern würden sich wohl solcher Kritik stellen?

"/.../ für das Entfalten der eigenen Lebendigkeit und Ungestümheit, für das laute und ausgelassene Spielen erntet das Kind keine Liebe, kein Verständnis, sondern Kälte, Erpressung, Liebesentzug."[50]

Und dennoch scheint bei aller Kritik in Witzanys Analysen und Lösungsvorschlägen ein hohes Ideal einer besseren Welt durch. Er plädiert für eine menschlichere Welt, sieht seine Aufgabe in der Mithilfe zur Erreichung dieses Ziels, ruft zu Taten auf und versucht sie selbst entsprechend seiner Philosophie auszuführen.

"Ein Philosoph, der heute nicht um Natur und Menschlichkeit kämpft, leidet entweder an einem Informationsdefizit oder er ist liebesunfähig und handelt dementsprechend sorglos."[51]

---

50 Witzany, Abendländische Erziehung. Ergebnis: Sadismus, Gewalt und Unterwerfung, in: Witzany, 1989a, S.126
51 Witzany, Ist die Philosophie in der Lage, ihre Zeit in Gedanken zu fassen?, in: Witzany, 1989a, S.59

2.6. Dr. Otto Teischel[1]

> Das Selbstverständnis Philosophischer Praxis kann von demjenigen der Philosophie nicht getrennt werden, und da *die* Philosophie keine festen Inhalte besitzt, sondern eine *Lebenshaltung* ist, bleibt sie zudem an die Person desjenigen gebunden, der sie betreibt.[2]

(1) Zur Person

Teischel unterhielt bis Ende 1988 eine Philosophische Praxis in Bonn. Nach einer längeren Afrikareise nahm er die Tätigkeit in seiner Praxis nicht wieder auf. Grund dafür ist "vor allem aber auch das gegenwärtige Bild von Philosophischer Praxis in der Öffentlichkeit"[3]. Über eine mögliche Neuorientierung will Teischel nachdenken. Anregungen dazu erhielt er unter anderem durch seine Reise nach Afrika. Das Ergebnis seiner Überlegungen will er in Gestalt eines Buches mitteilen, das allerdings bis jetzt[4] noch nicht erschienen ist.

Als weiteren Grund für seine momentane Unterbrechung gab er an, daß "die Praxis /.../ keine 'goldene Nase'"[5] verschaffe und er sich anderweitig Geld verdienen müsse.

---

1 verwendete Literatur von und über Teischel:
   - Teischel Otto, Rundschreiben an die Gäste seiner Gesprächswerkstatt, 1989a
   - Teischel Otto, Traktat über "Notwendigkeit und Paradox Philosophischer Praxis" - Zeitgemäße Betrachtungen über einen unzeitgemäßen Beruf, Privatskript, 1989b // Veröffentlicht in: Zur Theorie der Philosophischen Praxis, Hrsg. Günther Witzany, Essen, 1991, S.107 ff
   - Teischel Otto, persönlicher Brief vom 26.04.89, 1989c
   - INFORMATION PHILOSOPHIE, Oktober 1988, S.102
   - Neubert Miriam, Denkstunden nach Vereinbarung, in: Rheinischer Merkur, Nr. 44, 30.10.87, S.20
2 Teischel, 1991, S.107
3 Teischel, 1989a
4 April 1992
5 Teischel, 1989c

In seiner Praxis bot er monatliche Gesprächswerkstätten und Leseabende an. Philosophische Texte wurden gemeinsam gelesen und in persönlicher Weise besprochen und diskutiert.

(2) Die persönliche Philosophie

> "/.../das Sichtbare zu transzendieren und sich nach dem Sinn des Lebens zu fragen, ist das besondere Kennzeichen des menschlichen Wesens, erweist sich als unsere Freiheit und unser Schicksal."[6]

'Schicksal', weil sich die Sinnfrage unvermeidlich im Laufe eines Lebens stellt; 'Freiheit', weil aus der Distanz des Nachdenkens Selbsterkenntnis möglich ist. Die unmittelbare Welt ist durch Erfahrung zugänglich, wertvoll wird sie jedoch erst durch Reflexion. "Das Philosophieren beginnt mit dem Suchen und Fragen des Menschen und vollzieht sich als innerer Dialog oder Zwiegespräch mit dem anderen."[7]

Philosophierende Menschen beschäftigen sich immer mit den gleichen Fragen des Wohers, Wohins und Wozus, also Fragen zwischen Geburt und Tod. Allerdings werden sie jeweils vor einem individuellen Hintergrund und in einer jeweils unterschiedlichen geschichtlichen, persönlichen und gesellschaftlichen Situation gestellt. So muß der Mensch ständig sein Verhältnis zu sich und zur Welt neu bestimmen. Die Konsequenzen, die sich daraus ergeben, werden je nach gegenwärtiger Realität unterschiedlich ausfallen.

Die notwendige Suche nach dem eigenen Weg vereint alle philosophischen Wesen potentiell mit gleicher Kompetenz und Verantwortung für das eigene Dasein.

Teischel ist davon überzeugt,

---

6 Teischel, 1991, S. 108
7 Teischel, 1991, S.113

""dass jeder in sich ursprünglich eine Fähigkeit besitzt, das für ihn als Mensch ... Wesentliche zu begreifen und seinen ganz persönlichen Entwicklungsweg zu finden, was immer wieder gerade dadurch verhindert wird, dass man ihm in jeder Weise die Bedingungen seines Existierens vorgibt"."[8]

Die Erkenntnis des Einzelnen, einmalig und besonders zu sein, setzt zugleich ein verallgemeinerbares Ziel verantwortlichen Menschseins: "und zwar alles zu tun, was anderen die gleiche Chance eines Bewußtseins ermöglicht"[9]

In einer Gesellschaft, in der die Mitglieder funktionieren müssen, wird der Lebensgestaltung des Einzelnen aber kaum mehr Bedeutung beigemessen. Die gesellschaftlich festgelegte Freiheit wird mit Freizeit gleichgesetzt.

Zugleich ist es in unserer Zeit, die bruchstückhaft und unübersichtlich erlebt wird, besonders notwendig, Handlungsmaßstäbe zu finden. Das Verlangen nach Halt und Orientierung treibt dazu an. Nicht das Vermögen theoretischer Intelligenz, mit dem die Welt mit logisch-rationalen Begriffen auf den Punkt gebracht werden soll, alte Denksysteme weitervermittelt und neue konstruiert werden sollen, "unter weitgehender Preisgabe aller moralischen und emanzipatorischen Ansprüche"[10], ist dabei gefragt. Ebenso kann keine Lösung für den 'Menschen an sich' gefunden werden. Sondern, es "läßt sich der einzelne nur noch im unmittelbaren Gespräch oder durch eindringliche Appelle an seine Chance zur Freiheit erreichen."[11]

Nur in einem herrschaftsfreien Raum, ohne hierarchisches Gefälle, kann der eigene Standpunkt in der Gesellschaft gefunden und damit verantwortliches Handeln ermöglicht werden. Die Emanzipation des einzelnen zu befördern, ist oberste Aufgabe.

---

8 Teischel, in: Information Philosophie, Okt. '88, S. 102
9 Teischel, 1991, S.108
10 Teischel, 1991, S.109
11 Teischel, 1989a

Die Philosophie - vermutlich meint Teischel die universitär betriebene - erscheint ihm dafür nicht geeignet. Sie ist unzeitgemäß, da sie bestehende Zustände um dahinterliegender Zusamenhänge Willen transzendiert. Die Situation eines philosophierenden Menschen, auf diese Weise abstrahiert, bleibt immer gleich.

> "Im Ursprung des Philosophierens selbst jedoch ist die Reflexion über das eigene Dasein in der Welt untrennbar mit den Konsequenzen eines verantwortlichen Handelns verknüpft, schließt sich an die Frage nach dem menschlichen Wesen sogleich jene nach dem, was zu tun ist, an."[12]

Hier sieht Teischel die Chance der Philosophischen Praxis, da sie Philosophie auf alltägliche Wurzeln im Dialog zurückführen will. Ihr Ansatz ist radikal individualistisch.

Philosophische Praxis will Raum geben, um Eigenkräfte zu erahnen und Lebenssituationen zu reflektieren, nicht

> "als Wissen um zu erfüllende Pflichten, sondern im ursprünglichen Sinn des Wortes als Wahrnehmen seiner selbst in der Welt, als Begreifen der einmaligen Bedeutung meines konkreten Daseins."[13]

Die Philosophische Praxis soll ein Ort der Ruhe, Besinnung und Meditation inmitten einer leistungsorientierten, funktionsgerechten Welt sein. Gemeinsame Gespräche und konzentriertes Nachdenken sollen in einer Welt ermöglicht werden, in der Orte der Ruhe und Nachdenklichkeit immer mehr verschwinden.

Philosophische Praxis grenzt Teischel strikt von jeder Psychotherapie ab. Dort werde mit Hilfe von Denkmodellen, Methoden und Strategien bevormundet. Psychologen benützen Strategien und Tricks, um das Unbewußte zu manipulieren und das Machtgefälle zwischen Therapeut und Klient aufrechtzuerhalten. Philosophische Praxis ist weder eine neue Mode auf dem Therapiemarkt - die als Weisheit letzter Schluß, Heilung durch den 'Geist' verspricht -, noch eine Art Privatlehranstalt für Philosophie.

---

12 Teischel, 1991, S.109
13 Teischel, 1991, S.109

Philosophische Praxis soll sich nicht gesellschaftlichen Strukturen anpassen, um zeitgemäß und modern zu sein. Damit würde sie nur die gegenwärtig vorherrschenden, konservativen Tendenzen aufgreifen. Teischel distanziert sich bewußt von "ihren [der Philosophischen Praxis - Anm. M.B.] <u>reaktionären</u> Ausprägungen à la Achenbach"[14].
Teischel wendet sich gegen die verbreitete Idee, daß die Geschichte über Medizin, Religion und Psychologie hinaus in der Philosophie kulminiere - daß sich Philosophische Praxis sozusagen als Endprodukt einer historischen Entwicklung ergebe. Dies birgt die Gefahr, zum Zeitgeistapologeten zu werden und die Emanzipation des Einzelnen zu verhindern. Gibt Philosophische Praxis aber den Anspruch an die Emanzipation des Individuums auf, muß sie im Nihilismus enden, da bestehende Verhältnisse verteidigt und die Freiheit, 'ja' und 'nein' zu sagen, verweigert wird.
Sobald Philosophische Praxis institutionalisiert ist, wird sie gesellschaftliche Geltung beanspruchen,

> "statt einmal wirklich der konkreten Existenz des einzelnen auch auf individuelle, persönliche - und das bedeutet: unorganisierte Weise zu entsprechen, ohne Berufung auf eine Tradition, eine Lehre, eine Partei oder einen Führer."[15]

Dem Bedürfnis des einzelnen nach einem Zwiegespräch außerhalb jeglichen Rahmens würde sie damit nicht gerecht.

---

14 Teischel, 1989c
15 Teischel, 1989b, S.7

(3) Das Gespräch

(3.1) Was Menschen bewegt, in die Praxis zu kommen

Anlaß für Menschen, zu Einzelgesprächen in Teischels Praxis zu kommen, sind stets konkrete Probleme, die Lebenskrisen auslösen. Das philosophische Gespräch beginnt, wenn in dieser Situation philosophische Fragen gestellt werden. Teischel meint, daß philosophische Fragen dann auftreten, wenn die menschlichen Instinkte befriedigt sind

> "und wir uns geborgen genug fühlen, den unmittelbaren Lebenskreis zu verlassen, um im Bewußtsein unserer selbst eine eigene Heimat zu finden."[16]

D.h., erst wenn lebensnotwendige Bedürfnisse erfüllt sind, werden philosophische Fragen gestellt.

(3.2) Die Gesprächspartner

Der Betreiber

Philosophischer Praktiker kann zunächst kein Beruf sein, da die individuellen Lebensphilosophien des Betreibers und des Besuchers im Mittelpunkt stehen. Teischel wehrt sich deshalb gegen den Versuch, eine Ausbildung zu etablieren. Dadurch würden etablierte Machtstrukturen übernommen, statt den Bedürfnissen des Besuchers auf unorganisierte Weise zu entsprechen. Sobald ein System errichtet wird, wird es starr und unlebendig - ein weiterer Faktor des Herrschaftsinstrumentes.

Die Kompetenz des philosophisch ausgebildeten Gesprächspartners soll eine moralische, keine wissensmäßige sein. Der Philosoph hat lediglich ein geübteres Abstraktionsvermögen und eine stärkere Konzentration auf größere Zusammenhänge als jemand, der in den Alltag 'verstrickt' ist. Konkrete Lebenserfahrung ist notwendig, denn ohne diese ist Abstraktionsfähigkeit leer und sinnlos!

---

[16] Teischel, 1991, S.108

Der Philosophische Praktiker muß auf die Begabung der Besucher vertrauen, die eigene Kompetenz zu empfinden. Er soll nichts beibringen, anerziehen oder in die Besucher hineinlegen wollen, was nicht schon in ihnen ist. Er will lediglich Anregung und Konzentrationshilfe für den Prozeß bewußter Selbstfindung geben.
Der Philosoph darf sich nicht darauf einlassen, Verantwortung für den Besucher zu übernehmen, auch wenn dies der Besucher anstrebt. Dabei nimmt er sogar in Kauf, daß die Kommunikation zerbrechen kann.

Der Besucher

Die Besucher in Teischels Praxis waren alters- und berufsmäßig bunt gemischt. Es kamen Schüler, Rentner, Bibliothekare, Kosmetikerinnen, Ärzte und Hausfrauen. Von ihnen wird keine bestimmte Kompetenz gefordert.
Sie müssen die Praxis freiwillig und ohne falsche Heilserwartungen aufsuchen.

(3.3) Die Gesprächssituation

Daß die Kommunikation gelingen kann, ist in den elementaren und verallgemeinerbaren Bedingungen unserer Existenz begründet, die für alle Menschen gleich sind. Lediglich die subjektive Lebenswelt und die Entwicklung der Beziehung zu diesen Bedingungen unterscheiden sich. Und gerade die Lebens- und Weltanschauungen der Gesprächspartner sind Grundlage der Gespräche.
Das Gespräch soll koorperativ sein. Teischel meint, daß dies durch offene, wache und interessierte Geisteshaltung der Partner erreicht werde. Er nimmt dabei an, daß jedes philosophierende Wesen mit gleicher Kompetenz und Verantwortung für sich seinen eigenen Weg sucht. Der Betreiber darf sich nicht mächtiger als seine Besucher fühlen. Eine kooperative Haltung im Gespräch kann nicht methodisch erreicht werden, sondern ist entweder bereits vorhanden oder entwickelt sich im Laufe des Gesprächs.

Auch wenn Teischel keine Methode anbieten will, schlägt er doch bestimmte Verhaltensweisen für den praktizierenden Philosophen vor, die eine kooperative Gesprächssituation fördern können:
Der Philosoph soll dem Besucher mit der Annahme gegenübertreten, daß Erfahrungen und Gedanken als im subjektiven Prozeß gewachsene und entwickelte zu verstehen und nicht objektiv beurteilbar sind - auch wenn die Schilderungen des Besuchers verworren erscheinen mögen. Die Annahme dieser Subjektivität soll offengelegt werden, damit sich der Besucher als gleichberechtigt erleben kann. Ansonsten wird

> "die Basis für dessen Erkenntnisprozeß zerstört/../, der ja gerade das selbstständige Begreifen der eigenen Erfahrung verlangt. Sonst handelt es sich nicht um Erkenntnis, sondern um Gehorsam."[17]

Der praktizierende Philosoph soll sich vor dem Zitieren von "klassischen Philosophen" hüten, da dies nur ein Lehr-Lern-Verhältnis zwischen philosophischem Praktiker und Besucher hervorrufen würde. Ein vermeintlich objektiver Wahrheitsanspruch würde die Entfaltung des Selbstbewußtseins behindern. Er wäre nichts anderes als Wille zur Macht, manifestiert in Programmen, Methoden, logischen Systemen, Vorschriften oder Anweisungen.
Mit dieser Offenheit kann kein Gelingen garantiert werden. Dieses Vorgehen zeigt anarchistische Tendenzen mit dem Anspruch, die Kompetenz jedes einzelnen für sein Leben zu erhellen.
Einziges Prinzip des Gesprächs ist Ehrlichkeit.

> "Auch dabei kann nur Ehrlichkeit die moralische Integrität eines Philosophen bezeugen, und nur durch ihre Erfahrung vermag sein Gesprächspartner jene Eigenverantwortung bei sich wahrzunehmen, die sich nicht mehr länger hinter Masken des Erfolgs und Klischees vom Glück verbergen zu müssen meint."[18]

---

17 Teischel, 1991, S.112
18 Teischel, 1991, S.111

(3.4) Das Ziel

Es "geht nicht um bestimmbare Inhalte, sondern um das *Verhältnis* des einzelnen zu sich und zur Welt."[19].
Ursprünglich wollte Philosophische Praxis dem Individuum begreiflich machen, daß es Aufgabe und Bestimmung des Menschen ist, beständig sein Verhältnis von sich zur Welt neu zu bestimmen. "Und wenn wir dies wirklich annehmen, genügt sie [die Aufgabe - M.B.] für jeden, ein Maß seines Handelns zu finden."[20] Emanzipatorische und moralische Ansprüche der Philosophie sollen herausgehoben werden.

"Dabei wird die Ambivalenz von Denken und Handeln, Gefühl und Vernunft, Körper und Seele gleichsam als Herausforderung erlebt, sie in der Wirklichkeit meiner konkreten, lebendigen Existenz zu vereinigen."[21]
Scheitern und Möglichkeiten menschlichen Lebens sollen aufgezeigt werden. Die Wissens- und damit die Handlungskompetenz der Besuchenden wird erweitert. Dazu gehört auch, daß ausdrücklich der praktizierende Philosoph keine Verantwortung für das Leben des Besuchenden übernimmt.

(4) Der Kommentar

Teischel schreibt ernsthaft und überzeugend, insofern seine Forderungen für die Philosophische Praxis mit der Art und Weise, in der er darüber schreibt, stimmig sind. Die Achtung vor dem Individuum und seinen jeweiligen Eigenarten - Angelpunkt seiner philosophischen Einstellung - schlägt auch in seinem Stil durch. Alleine arrogantes und besserwisserisches Verhalten seiner philosophischen Kollegen verurteilt er unnachsichtig.
Im Aufspüren von Machtstrukturen, die die Emanzipation des Individuums verhindern könnten, ist Teischel sehr gründlich. Deswegen lehnt er jegliche Gesprächskonzepte ab, fordert für die Praktizierenden das unbedingte Anerkennen des jeweils individuellen Lebens-

---

19 Teischel, 1991, S.112
20 Teischel, 1991, S.112
21 Teischel, 1991, S.109

wegs und lehnt Achenbachs Ausbildungskonzept mit der Begründung ab, Machtstrukturen würden dadurch weitergegeben.
Allerdings steht zu befürchten, daß er in diesem letzten Punkt "das Kind mit dem Bade ausschüttet" und durch die absolute Ablehnung jeglicher Ausbildung auch einen Erfahrungsaustausch nicht zuläßt. Und dabei entspräche gerade seinem Philosophenideal eine Ausbildungsmöglichkeit in 'Selbstbeobachtung' und 'Selbstkontrolle'.
Schade, daß er sich mit seiner Kritik aus einer öffentlichen Diskussion über Philosophische Praxis heraushält. Was würden andere praktizierende Philosophen folgenden Vorwürfen entgegenhalten, daß sie sich dem Zeitgeist anpaßten oder durch Ausbildungskonzepte autoritäre Machtstrukturen fortsetzten? Und ganz bestimmt erhöben sich auch Einwände gegen die Annahme, daß Philosophie stets erst nach materieller Befriedigung erfolge.

So wie er sich auf keine Auseinandersetzung mit Kollegen einläßt, scheint er sie auch mit Psychotherapeutinnen und Psychotherapeuten zu meiden. Die Behauptung, Psychotherapeuten manipulierten das Unbewußte, klingt recht mystisch und ähnelt den Befürchtungen derjenigen "Psychogegner", die sich von jeder Psychologin durchschaut, beeinflußt und beobachtet fühlen, so als verfügten diejenigen, die sich einer psychologischen oder psychotherapeutischen Ausbildung unterzogen haben, auf einmal über "hellseherische Fähigkeiten". Als Desiderat bleibt die Erläuterung konkreter Gesprächsinhalte. Es gehe ihm nicht um bestimmte Gesprächsinhalte, sondern um die Beziehung zur Welt. Damit wurden von Teischel aber bereits Themen, wenn auch sehr global, festgelegt und diese müßten nur noch erläutern werden.

3. Vergleich der Philosophischen Praxen

> Einigkeit besteht unter den Philosophen nur in dem Punkt, daß sie die Klienten als mündige Bürger respektieren und ihnen kein Weltbild "aufpropfen" wollen.[1]

Der Vergleich der vorgestellten Einzelpraxen schließt dieses Kapitel ab. Dreierlei soll dabei erreicht werden: Erstens sollen die Beschreibungsabschnitte - die Person, die persönliche Philosophie, die Gesprächssituation - zusammengefaßt und damit eine gewisse Übersichtlichkeit erreicht werden. Zum zweiten zeigen sich durch die direkte Gegenüberstellung Gemeinsamkeiten und Unterschiede; Tendenzen lassen sich erkennen. Und drittens sollen die Verflechtungen der praktizierenden Philosophen - soweit bekannt - aufgezeigt werden.

Die dargelegten Schlußfolgerungen sind nur mit Vorsicht auf alle existierenden praktizierenden Philosophen zu übertragen. Jede Praxis kann ein ganz eigenes Gepräge haben. Diese Schlußfolgerungen sind als Thesen zu verstehen, gewonnen aus einer begrenzten Zahl von Beschreibungen, deren Allgemeingültigkeit für die gesamte Zahl Philosophischer Praxen jeweils zu prüfen wäre.

(1) Die Personen

Eröffnet wurden die hier vorgestellten Philosophischen Praxen ausnahmslos von jüngeren Herren, meistens direkt nach dem Studium. Der jüngste der praktizierenden Philosophen war bei der Eröffnung seiner Praxis 25 Jahre alt, die anderen etwas über 30 Jahre.

Alle promovierten über ein philosophisches Thema und schreiben jetzt zum Teil an ihrer Habilitation. Die akademischen Abschlüsse erstaunen, da bis jetzt kein Gesetz oder Berufsverband vorschreibt, welche Voraussetzungen zur Ausübung der Tätigkeit nachgewiesen

---

1 Graefe, Privatdruck, 1989, S.5

werden müssen. So liegen zwei Deutungen für die universitäre Weiterarbeit nahe: Entweder nehmen die praktizierenden Philosophen an, daß Besucher durch einen höheren akademischen Abschluß auf größere Kompetenz schließen und dadurch zum Kommen angeregt werden. Oder sie halten sich Optionen zur Weiterarbeit an einer Hochschule offen. Philosophische Praxis hätte dann einen vorübergehenden Status, wäre eine Zwischenlösung.

Die erste Philosophische Praxis wurde 1981 eröffnet. Zwei Jahre später folgten dann die nächsten Eröffnungen. Die Praxen werden unterschiedlich bezeichnet. Ebenso schätzt jeder praktizierende Philosoph den gesellschaftlichen Stellenwert seiner Praxis anders ein.

(2) Die persönlichen Philosophien

Die Erläuterungen der persönlichen Philosophie - wie auch der nachfolgenden Abschnitte - unterscheiden sich jeweils im Umfang und damit auch im Stellenwert, den dieser Bereich für den einzelnen Philosophen einnimmt: je umfangreicher, desto gewichtiger. So beschäftigt sich Achenbach ausführlich mit der Abgrenzung zur Psychologie und Psychoanalyse. Seine Anthropologie fällt dagegen sehr kurz aus. Dill räumt den Regeln für seine 'kompetitiven Dialoge' und dem Thema 'Mündigkeit' viel Platz ein. Witzany beschäftigt sich mit verschiedensten Gesprächsthemen, die in einer Philosophischen Praxis möglich sind, wie 'Umweltschutz', 'Erhalt der Natur'. Theoretische Erwägungen zur Philosophischen Praxis nehmen dagegen relativ wenig Platz ein.[2]

Die Ausgangspunkte der jeweiligen persönlichen Philosophien sind so verschieden, daß davon ausgegangen werden kann, daß eine gemeinsame Wurzel im Sinne einer "philosophischen Praxistradition" nicht existiert. Es werden eigene Theorien zur jeweiligen Praxis dargestellt.

---

2 Es wurde aus thematischen Gründen nicht die gesamte Palette seiner Themen in dieser Arbeit vorgestellt. Die hier vorliegende Sammlung ist also nicht repräsentativ für Witzanys Vielfalt.

Nicht ganz so verschieden sind die anvisierten Ziele der einzelnen Praktiker. Dill, Teischel, Koch und Achenbach haben das Wohlergehen ihrer Besucher vor Augen: Emanzipation, Mündigkeit, Lösung persönlicher Probleme. Die gesellschaftliche Dimension deutet Dill mit dem Thema 'mündiger Bürger' an. Witzanys Themen stammen aus dem gesellschaftlichen, wissenschaftlichen und politischen Bereich. Graefe möchte die soziale Komponente der Philosophie wieder bewußt machen, d.h. Aufklärung und Lösung sozialer Konflikte vor dem weiten Hintergrund der philosophischen Geschichte und des philosophischen Wissens.

Erwartungsgemäß betonen alle praktizierenden Philosophen die Fähigkeiten des Menschen zu denken und zu handeln. Sie sehen den Menschen als verantwortungsfähiges Individuum an. Als Einzelwesen kann es prinzipiell unabhängig von Gruppen oder Zeitströmungen angesprochen werden. Das ist sozusagen notwendige Voraussetzung zur Eröffnung eines philosophischen Dialogs.
Die Entwicklung der prinzipiellen Befähigung zur Mündigkeit sehen die Philosophen jeweils unterschiedlich behindert: durch äußeren Druck und Enge oder durch innere Bequemlichkeit.

Diesen Vorgaben entsprechend wird dann die Aufgabe der Philosophischen Praxis definiert: In der Philosophischen Praxis können neue Möglichkeiten eröffnet werden - Philosophische Praxis als Raum für kreative Denkprozesse. Philosophische Praxis birgt die Chance, den Menschen unabhängig von anderen Einflüssen auf seine Mündigkeit anzusprechen. Philosophische Praxis ist der einzige Ort, an dem die Freiheit besteht, allein das Individuum zum Maßstab der Dinge zu machen. In der Philosophischen Praxis kann in hervorragender Weise philosophische Integrationsleistung vollbracht werden. Die Philosophische Praxis bietet die Möglichkeit, zu einer eigenen Lebensphilosophie oder zu einer persönlichen Lebenshaltung zu finden.

Alle praktizierenden Philosophen verstehen ihre Arbeit als eine neue Möglichkeit, Philosophie zu betreiben und diese für das alltägliche Leben fruchtbar zu machen. Ihre gemeinsame Kritik richtet sich gegen die universitär betriebene "Kathederphilosophie"[3]. Philosophische Praxis kann nicht als Pivatlehranstalt betrachtet werden.
In unterschiedlicher Weise greifen die praktizierenden Philosophen in ihren Veröffentlichungen auf die Philosophiegeschichte zurück. Achenbachs Texte sind durchsetzt von Hegel- und Kierkegaard-Zitaten. Dill argumentiert in besonderer Weise mit Kants Äußerung über die Unmündigkeit des Menschen und lehnt sich an französische Denker an, ohne sie jedoch zu zitieren.[4] Witzany nennt zwar Namen, zitiert jedoch ebenfalls kaum. Die Vermutung liegt nahe, daß Zitatstellen nicht als Nachweise der Herkunft von Gedanken anzusehen sind, sondern vielmehr als Belege für die eigene Philosophie eingesetzt werden.
Außer zur Universitätsphilosophie grenzen alle praktizierenden Philosophen ihre Tätigkeit zur Psychologie, zur Psychotherapie oder zur Psychoanalyse hin ab. Doch lassen sich in der Art der Auseinandersetzung mit Psychotherapien qualitative Unterschiede zwischen den einzelnen philosophischen Praktikern feststellen. Die radikalsten Positionen bestehen im globalen und undifferenzierten Ablehnen jeglicher Psychologie und Psychotherapie oder in der Forderung, Psychologie und Psychoanalyse durch die Philosophie abzulösen. In abgeschwächter Form erfolgt kooperative Kompetenzzuteilung zwischen Psychotherapeuten und Philosophen. Inhaltlich wird den Psychologen und Psychologinnen lediglich die Kompetenz für seelische Probleme zugestanden. Die Blickweite der Philosophinnen und Philosophen wird ihnen abgesprochen, da nur diese für geistige Probleme zuständig seien.
Speziell werden an der Psychologie und Psychoanalyse das Autoritätsgefälle innerhalb der Therapien, die Klassifizierung nach krank und gesund, die starren Therapiekonzepte, die funktionalistisch ausgerichtete psychoanalytische Theorie, die Eingliederung in den medizinischen Bereich mit all seinen bevormundenden und mechanistischen Denkweisen kritisiert. Wie oben bereits erwähnt, nimmt bei Achenbach die Abgrenzung zur Psychoanalyse in seinen Vorträgen

---

[3] vgl. Achenbach
[4] Das holt er in seinem Aufsatz von 1991 nach, in: Witzany (Hrsg.), 1991

und Essays den größten Raum ein. Mit Vehemenz grenzt er sich ebenfalls zu Vertretern der Humanistischen Psychologie - speziell zur Logotherapie - ab, die in stümperhafter Weise Philosophie in ihre Konzepte einfließen lassen würden.

Für Dill haben neue Ansätze in der Psychologie, ebenso wie in der Theologie keine Chance, da die Betreiber dieser Gewerbe durch die existierenden Vorurteile über ihre Arbeit in bestimmte, vorbelastete Handlungsweisen hineingedrängt würden.

Einige Philosophen setzen sich mit Theologie auseinander und gleichzeitig von ihr ab. Religiöse Fragen tauchten in der Philosophischen Praxis auf. Die praktizierenden Philosophen meinen, daß Theologie, bzw. die Institution Kirche mit ihren Angestellten, keine befriedigende Gesprächsbasis darstelle. Von vornherein sei nämlich klar, aus welchem Repertoire die Antworten kommen werden.

(3) Die Gespräche

(3.1) Was Menschen bewegt, in die Praxen zu kommen

Die Anlässe, eine Philosophische Praxis aufzusuchen, lassen sich grob in zwei Kategorien einteilen. Menschen kommen mit seelischem Druck, da sie in Lebens- und Sinnkrisen stecken. Oder sie beschäftigt ein geistiges Thema und sie suchen dafür kompetente Gesprächspartner. Koch und Achenbach beschränken sich in ihrer Arbeit auf den seelischen Leidensdruck. Teischel sieht hinter dem seelischen Notstand eine Verunsicherung in der Lebenshaltung. Graefe möchte in seiner Vorgehensweise zwischen geistigen und seelischen Problemen unterscheiden. Witzany und Dill konzentrieren sich ausschließlich auf geistige Probleme.

Zutage tritt bei dieser Einteilung die Problematik, zwischen geistigen und seelischen Problemen trennen zu wollen. Die Zuordnung, seelische Probleme der Psychotherapie, geistige den Philosophinnen und Philosophen, läßt sich, meiner Meinung nach, so schematisch nicht durchhalten. Ganz offensichtlich kann ein geistiges Thema, wie Begründung von ethischen Normen, seelische Gefühle auslösen. Seelische Nöte können eine Lebenseinstellung ins Wanken bringen. Wahrscheinlich muß eine Zuordnung von psychotherapeutischen oder philosophischen "Fällen" nicht nur das Thema berücksichtigen, son-dern auch die Voraussetzungen der Besucherinnen und Besucher.

Dill sieht Neugierde an der Philosophischen Praxis als stärksten Beweggrund für einen Besuch in seiner Praxis. Dahinter lägen meistens noch andere Gründe verborgen.

Insgesamt lassen sich die Betreiber der Praxen über konkrete Anlässe nicht aus, wie auch insgesamt über den konkreten Ablauf einer Beratung nicht viel zu erfahren ist. Am Ende bleibt die Unklarheit, wie eine Beratung nun eigentlich praktisch durchgeführt wird.

(3.2) Die Gesprächspartner

Die Betreiber

Insgesamt ergibt sich ein weites Spektrum an Kompetenzen über die eine praktizierende Philosophin oder ein praktizierender Philosoph verfügen sollten. Dabei unterscheiden sich die Beschreibungsperspektiven. Dill beschreibt die Vorurteile, die über die Fähigkeiten der Philosophen existieren. Die anderen Philosophen nennen aus ihrer Sicht Fähigkeiten, die ihnen als Betreiber wichtig sind. Diese möchte ich unterteilen in geistige, erfahrungsmäßige und einstellungsmäßige Fähigkeiten. Zu den ersteren gehören Eigenschaften wie einen größeren Überblick besitzen, zur Abstraktion fähig sein, philosophische Gedanken kennen. Den zweiten ordne ich Momente wie: Menschenkenntnis oder Wissen um die eigene Fehlerhaftigkeit zu. Unter drittens wären folgende Faktoren zu nennen: Toleranz, Empathie, Offenheit, Verständis und Vertrauen in die Fähigkeit der Besucher, für sich das Richtige herauszufinden. Die Fähigkeiten zu verstehen und einfühlsam zu sein, werden von fast allen praktizierenden Philosophen auffallend stark betont. Die Assoziation mit Rogers Therapeutenmerkmalen liegt nahe. Nach Rogers kommt ein hilfreiches therapeutisches Gespräch erst dann zustande, wenn der Therapeut die Merkmale 'Akzeptanz', 'Empathie' (einfühlendes Verstehen) und 'Echtheit' aufweist.

"Diese Merkmale sind nicht als Techniken zu verstehen, sondern als menschliche Qualitäten des Helfers, die auch nicht durch rein intellektuelle Anstrengungen gelernt werden können."[5,6]

Dill ist der einzige der hier vorgestellten Philosophen, der Empathie als Eigenschaft nicht erwähnt und bei dem sie keine Rolle zu spielen scheint.

Nach Koch müßten die Betreiber die Ausstrahlung eines Gurus oder eines Lehrers besitzen. Achenbach möchte seinen Besucherinnen und Besuchern ein Freund sein. Dies lehnen andere, wie Witzany explizit ab. Teischel verurteilt Arroganz seiner Kollegen Besucherinnen und Besuchern gegenüber.

Witzany nennt im Interview notwendige Fähigkeiten, um eine Praxis zu eröffnen: Ein potentieller Praxisbetreiber sollte nicht sozial isoliert sein, sondern in vielfältigen sozialen Kontakten den Umgang mit Menschen geübt haben. Die Person sollte keine Scheu im Umgang mit öffentlichen Stellen haben, um die Formalitäten für die Praxiseröffnung erledigen und Besucher werben zu können. Sie sollte keine Probleme mit der realen Lebenswelt haben. Ferner sollte die Person unbedingt über Kenntnisse im psychologischen Bereich verfügen, um Grenzfälle bei den Besuchern erkennen zu können. Für das Gespräch seien vor allem Geschichtskenntnisse der verschiedensten Richtungen wichtig (Philosophie, Sozial-, Wirtschaftswissenschaften etc.).

Unter dem Abschnitt 'Betreiber der Philosophischen Praxis' subsummierte ich die Bezahlungsfrage. Die Philosophen, die offen waren, darüber zu schreiben, gaben Preise zwischen 130.- und 150.- DM pro Stunde an. Allerdings werden die Preise für einkommensschwache Besucherinnen und Besucher reduziert. Für keinen Philosophen waren die Einzelgespräche in der Praxis *die* Möglichkeit, schnell Geld zu verdienen.

Bei einigen Philosophen kommt Skrupel durch, für ihre Tätigkeit Geld zu verlangen. Bezahlung, so Achenbach, sei aber gerechtfertigt - auch wenn "philosophischer Praktiker" kein Beruf wie jeder andere sei, da er sich nicht nach marktwirtschaftlichen Gesetzen am Bedarf

---

[5] Revenstorf D., Psychotherapeutische Verfahren, Bd. III, Humanistische Verfahren, Stgt.-Basel-Köln-Mainz, 1983, S.45

[6] Allerdings erwiesen sich diese Merkmale in späteren Untersuchungen weder als notwendig noch als hinreichend. vgl. Revenstorf, ebenda, S.38ff

orientiere, sondern diesen vielmehr stets hinterfragen müsse. Die Berechtigung, Entgelt zu verlangen, liege in dem wissensmäßigen Vorsprung begründet, den der Praxisbetreiber seinen Besucherinnen und Besuchern gegenüber habe.
Dill lehnt als einziger das philosophische Gespräch auf kommerzieller Ebene ab. Allerdings wird er als einziger finanziell gefördert.

Die Besucher

> "Einigkeit besteht unter den Philosophen nur in dem Punkt, daß sie die Klienten als mündige Bürger respektieren und ihnen kein Weltbild "aufpropfen" wollen."[7]

Übereinstimmend können die praktizierenden Philosophen unter ihren Besuchern keine bevorzugte Berufsgruppe ausmachen. Interesse am philosophischen Gespräch ist unabhängig von Schulbildung und Berufsausbildung.
Allerdings erwarten alle Gesprächsanbieter 'zurechnungsfähige' Gesprächspartner, die offen für philosophische Fragestellungen und Denkweisen sind. Weiterhin gehen sie davon aus, daß die Besucherinnen kompetent sind, das für sie selbst richtige aus den Äußerungen des Philosophen herauszufinden. Bis auf Achenbach, der oft mit Menschen Gespräche führt, die schon Psychotherapien hinter sich haben, lehnen alle anderen ausdrücklich Gespräche mit psychisch belasteten Menschen ab. Während alle von kooperativen Besucherinnen und Besuchern ausgehen, rechnet Dill als einziger damit, daß die ihn Besuchenden ihm mißtrauen. So drängt er die Besucher in die Rolle der Philosophierenden, derjenigen, die die Fragen des Zweifelnden aushalten müssen.
Im Vergleich zum Abschnitt 'Der Betreiber' fällt dieser Abschnitt stets wesentlich kürzer aus. Verständlich ist das, wenn von einer "Angebotsbeschreibung" ausgegangen wird: "Ich biete die und die Dienstleistung an." "So und so handle ich als Betreiber." "Die und die Kompetenzen bringe ich mit."

---

[7] Graefe, Privatdruck 1989, S.5

(3.3) Die Gesprächssituation

Den formalen Aspekt betrachtet, fordern alle praktizierenden Philosophen offene, ehrliche, kooperative Gespräche, ohne Machtgefälle, in gegenseitiger Toleranz. Lediglich Dill mit seiner kompetitiven Dialogstrategie fällt heraus. Er betrachtet das Gespräch als reine Verschiebung von Wissen, verursacht durch den Wunsch jedes Teilnehmers, recht zu behalten.

Inhaltlich stehen sich - so schreiben die Philosophen - Lebens- und Weltanschauungen gegenüber. Sind Besucher oder Besucherin in ihrer Lebenseinstellung verunsichert, werden sie sich im philosophischen Gespräch der Lebens- und Weltanschauung des Philosophen gegenübersehen. So können sie in der Konfrontation mit einer fremden Lebensanschauung die eigenen Positionen leichter herausfinden. Soll zu einer Lebenshaltung verholfen werden, werden die Normen, Haltungen und einseitigen Lebenseinstellungen der Besuchenden herausgearbeitet, die eine verantwortungsvolle Haltung und - für manche Philosophen ist auch das wichtig - ein verantwortungsvolles Handeln in der Welt ermöglichen.

Ein individual-geschichtlicher Blick wird mit dem Blick auf die gleichzeitig 'ablaufende' große Geschichte im Gespräch verbunden. So erleben sich die Einzelnen als ein Teil der Großgeschichte. Teischel und Graefe erhoffen sich dadurch einen Solidarisierungseffekt. Dill will seinen Besuchern durch Aufdecken von Unmündigkeitsfaktoren zur Mündigkeit verhelfen.

Kommen Menschen zu einem Gespräch über ganz konkrete Probleme oder Entscheidungen, kann im philosophischen Gespräch der Horizont erweitert, neue Handlungsalternativen angeboten, Ausblicke aus der erlebten Enge gebracht und die Folgen von Handlungen bedacht werden.

(3.4) Die Ziele

In dem, was die praktizierenden Philosophen im Gespräch anstreben, ähneln sie sich. Nicht zuletzt deshalb, weil die Ziele sehr abstrakt formuliert sind! Den Gesprächspartnern und Gesprächspartnerinnen soll zur Emanzipation verholfen werden. Emanzipiert zu sein bedeutet dabei, die Verantwortung für das eigene Denken und Handeln zu übernehmen, zur Verantwortung über Denken und Handeln gezogen werden zu können und Verantwortung für die Umwelt zu übernehmen. Zur Emanzipation wird verholfen, indem die praktizierenden Philosophen ihren Besucherinnen bewußt zu machen versuchen, daß eine Notwendigkeit zur Stellungnahme in der Welt besteht, daß der Blick vom einzelnen auf die Allgemeinheit gerichtet werden muß und daß Verantwortung übernommen werden muß. Sie wollen Aufklärung betreiben. Selbstbewußtsein ihrer Besucher wollen sie erreichen. Selbstbestimmung möchten sie ermöglichen durch Informationen und Überwindung hemmender Faktoren. Einmal gefaßte Setzungen müssen immer wieder verlassen werden, neue und angemessenere gefunden und manifestiert werden.
Lediglich Achenbach will seinen Besuchern und Besucherinnnen einen Freiraum in seiner Praxis einräumen und stellt das Individuum über die Gemeinschaft. Wenigstens an einem Ort soll ihnen die Möglichkeit gegeben werden, von einer Selbstverwirklichung ohne Rücksicht auf die Sozialgemeinschaft träumen zu können.

(4) Achenbach und die "Neuen Philosophen"[8]

Achenbach ist der "Erfinder" der Philosophischen Praxis und Mitbegründer der "Gesellschaft für Praktische Philosophie". So bat ich in meinen Anschreiben die übrigen philosophischen Praktiker um Stellungnahme zu Achenbach.

Ein heftiger Streitpunkt zwischen den Praktikern und Achenbach ist die Ausbildungsfrage zum praktizierenden Philosophen. Die Satzung der GPP enthält einen Paragraphen über Ausbildungs- und Zulassungsfragen. Offensichtlich strebt Achenbach ein Ausbildungssystem an.

Witzany vermutet, daß Achenbach damit Scharlatanerie verhindern und vermeiden will, daß sich in den Philosophischen Praxen "schwarze Schafe" breit machten. Allerdings befürchtet Witzany dann die mit einer Institutionalisierung einhergehende Starre.

Dill, Graefe und Teischel äußern sich jeweils sehr ungehalten über Achenbach. Durchgehend werfen sie Achenbach autoritäres Verhalten und Monopolisierungsbestreben vor und lehnen eine geregelte Ausbildung als Voraussetzung für die Ausübung des Berufes einer praktizierenden Philosophin oder Philosophen ab.

Das, was als Monopolisierungsbestreben bezeichnet wird, zeigt sich z.B. darin, daß Dills Antrag auf Aufnahme in die GPP ohne Begründung abgelehnt wurde. Mit den Aufnahmemodalitäten für die GPP im Kopf wird die Angelegenheit delikat:

> "Praktizierende Mitglieder sind ordentliche Mitglieder, die nach den Ausbildungsempfehlungen der GPP zur Führung einer Philosophischen Praxis berechtigt sind. Über die Aufnahme praktizierender Mitglieder entscheidet ein Kollegium der praktizierenden Mitglieder mit Zweidrittel-Mehrheit."[9]

---

[8] so genannt in: Winkler-Calaminus, Ist ein Philosophischer Praktiker Philosoph? Bericht vom "1. Kongreß Der Neuen Philosophen" in Wiesbaden, in: AGORA, Heft 7, 1989, S.5

[9] Satzung der Gesellschaft für Philosophische Praxis e.V. (1982)

Achenbach ist derzeit[10], meines Wissens nach, der einzige praktizierende Philosoph in dieser Gesellschaft! Graefe, der die GPP 1982 mitbegründet hatte, verließ sie aufgrund der monopolistischen Tendenzen dieser Gesellschaft. Er hält eine Ausbildung auf freiwilliger Basis für sinnvoll, steht aber einer Schulbildung, wie sie in der GPP versucht wird, kritisch gegenüber, da sie ideologieverdächtig ist.

Achenbach und die Philosophen in und um das OFFENE FORUM[11] liefern sich heftige Wortgefechte. Die "Neuen Philosophen" trafen zum ersten Mal im Sommer 1989 zusammen. Sie wollten sich über ihre praktischen Erfahrungen austauschen. Achenbach war ebenfalls dazu eingeladen, verließ aber am ersten Abend die Runde, als er gefragt wurde, wie seine Philosophische Praxis konkret aussehe und er die Antwort darauf verweigert hatte. Im Reader, den Dill für die Gruppe herausgegeben hatte, liest sich das so:

> "Nicht an diesem Austausch beteiligt hat sich Dr. Gerd B. Achenbach aus Bergisch-Gladbach, der ihn offensichtlich für überflüssig hält. Doch leider gibt es in der "Gesellschaft für Philosophische Praxis" noch immer nur einen einzigen Philosophischen Praktiker: Dr. Achenbach selbst."[12]

Martina Winkler-Calaminus, eine Mitarbeiterin Achenbachs, reagierte folgendermaßen auf die Tagung:

> "/.../ Obschon diese Ausführungen ein hohes Maß an gedanklicher Konfusion und Blindheit enthüllen, wirft es indessen ein besonderes Licht auf die kleine Gesellschaft kunterbunt Praktizierender, daß sie diese Thesen [von Dill - M.B.] als Grundlage einer ernsthaften Auseinandersetzung mit "Philosophischer Praxis" gutwillig akzeptierten und den Rest des Nachmittags vergeblich mit dem Versuch zubrachten, etwas Licht ins geistige Dunkel zu bringen. Doch wo der eine mit einem Gedankenblinzeln die Tür gerade vorsichtig einen Spalt weit geöffnet hatte, schlug der andere sie mit dem Hinterteil dröhnend wieder

---

10 1992
11 vollständiger Name: Offenes Forum für Philosophische Praxis und interdisziplinäre Forschung e.V.
12 Reader zum ersten Kongreß der "jungen" Philosophen in Wiesbaden, Sommer 1989

zu, weil er sich selbst, taub, in eine andere Richtung bewegt hatte. Diese Überheblichkeiten menschlicher Kommunikation treten besonders da auf, wo weder Interesse an der Sache, noch am Gegenüber, sehr wohl aber an der eigenen Selbstdarstellung besteht; doch sollte man nicht von einem Kreis selbsternannter Gesprächs- und Verstehensvirtuosen anderes erwarten dürfen? /.../ Um so nachdrücklicher muß nach dieser Erfahrung die Forderung der GPP unterstrichen werden, sich von "wilden" Praxen aufs schärfste zu distanzieren, um einer Diskreditierung Philosophischer Praxis in der Öffentlichkeit entgegenzuwirken./.../"[13]

Und wie so oft auf dieser Welt haben beide Parteien in diesem Streit recht. Achenbach verurteilt immer wieder hart die Inkompetenz philosophischer Kollegen. Und die Selbstdarstellungsbestrebungen mancher Teilnehmerinnen und Teilnehmer katapultierte auch beim 2. Kongreß der "neuen Philosophen" am 21./22. November 1989 in Wiesbaden so manche Diskussion.

Eine neue Entwicklung zeichnet sich ab: Achenbach, der offensichtlich lange Zeit um Abgrenzung nach allen Seiten bemüht war, schwenkt jetzt auf Kommunikationskurs. So geschehen in seinem Vortrag "Auskunft über die Möglichkeiten für Philosophen, in der Philosophischen Praxis einen Lebensberuf zu finden", gehalten auf dem 15. Deutschen Kongreß für Philosophie am 24.-28. September 1990 in Hamburg[14]. Er suchte offensichtlich den Kontakt zur akademischen Philosophie, von der er sich bis dato ganz eindeutig distanziert hatte.

---

13 Winkler-Calaminus, 1989, S.5
14 Achenbach, Philosophische Praxis als Lebensberuf, veröffentlicht in AGORA, Dezember 1990, S.4

IV. WAS BRINGT PHILOSOPHISCHE PRAXIS NEUES? - ABGRENZUNG ZU ANDEREN DISZIPLINEN

Dem Leser und der Leserin mögen bei der Vorstellung der einzelnen Philosophischen Praxen einige Aspekte bekannt vorgekommen sein. Und das werden sie wahrscheinlich nicht sofort mit der Philosophie, sondern eher mit anderen Disziplinen, wie z.B. der Psychotherapie verbunden haben.

In diesem Kapitel soll nun Vermittlungsarbeit geleistet werden: Einerseits möchte ich aufzeigen, wo und wie die Konzeptionen der philosophischen Praktiker sich mit den Konzeptionen anderer Disziplinen decken. Andererseits möchte ich auf bereits stattgefundene sinnvolle interdisziplinäre Befruchtungen hinweisen. Damit will ich an die Philosophen appellieren, nicht ihre Tätigkeitsbereiche mit "Zäunen zu umziehen", sondern vielmehr - um es mit einem historischen Begriff auszudrücken - "kleinen Grenzverkehr zu betreiben".

Wie bereits erwähnt, grenzen sich die einzelnen philosophischen Praktiker nach verschiedenen Richtungen hin ab. Sie distanzieren sich von ihren Kollegen, ziehen Grenzen zur Psychologie, zur Psychotherapie, zur Pädagogik und zur Theologie.

Die Abgrenzung zu den Kollegen der eigenen Zunft ist, so scheint es, bei den philosophischen Praktikern stark von Eitelkeit, Selbstdarstellungsdrang und u.U. Angst um den guten Ruf geprägt. Eine einheitliche Konzeption von Philosophischer Praxis würde jedoch einen kooperativen Interessens- und Erfahrungsaustausch der praktizierenden Philosophen - über das Beharren auf der eigenen, besseren Praxis hinaus - benötigen.

Alle philosophischen Praktiker grenzen sich aber auch gegen andere wissenschaftliche Disziplinen und deren praktische Tätigkeiten ab. Die Motivation dafür alleine in Eitelkeit zu suchen, trifft wahrscheinlich nur einen Beweggrund. Aus verschiedenen Gründen kann eine solche Abgrenzung sinnvoll sein:

Es ist schwer zu definieren, was Philosophische Praxis eigentlich ist. Die Bestimmung, was sie alles nicht sein sein soll, ist eine Form der Definition über Negation.

Mit dem Aufzeigen von Fehlern anderer Disziplinen können die besseren Konzepte der praktizierenden Philosophen verdeutlicht werden.

Mit der Klarheit der Kompetenzbereiche wird von philosophischer Seite Aufgabenteilung angestrebt. Die Möglichkeit, mehrere Angebote gleichwertig für eine Problemlage anzubieten und die Klienten entscheiden zu lassen, wird dabei nicht erwogen.

Eine Auswahl von Konkurrenzangeboten stelle ich nun in diesem Kapitel vor. Diese drei nichtphilosophischen Angebote sind Beratungskonzepte, gegen die sich praktizierende Philosophen abgrenzen. Einleiten werde ich die Unterkapitel jeweils mit Äußerungen von Philosophen über die vorgestellte Disziplin [Abschnitt (1)]. Dann folgt der Darstellungsteil [Abschnitt (2)]. In ihm soll ein Bild der einzelnen Konzeptionen gegeben werden. Oft zeigen sich in der alleinigen Darstellung schon interessante Parallelen zu den praktizierenden Philosophen. Abschließend ein Kommentar [Abschnitt(3)], in dem zum einen meine Bemerkungen zur vorgestellten Beratungskonzeption und zum anderen mein Kommentar zur Kritik der Philosophen an diesen Konzepten niedergelegt sind.

Beginnen möchte ich im Unterkapitel 1 mit Beratungspsychologie - grundlegende Bemerkungen zur Theorie der Beratung in der Psychologie. Die philosophischen Praktiker setzen sich alle ausschließlich mit Psychotherapien auseinander. Den großen Bereich der psychologischen Beratung, der von der Arbeit her mit philosophischer Beratung vergleichbar - wenn auch nicht so medienwirksam - ist, erwähnen sie nicht.

Im Unterkapitel 2 stelle ich schematisch die aktuelle Diskussion der Seelsorgekonzeptionen vor. Deutlich wird, daß es nicht die Seelsorgetheorie gibt, sondern eine Bandbreite verschiedener Ansätze. Die pauschale Abgrenzung der philosophischen Praktiker wird, wie bei den anderen Disziplinen auch, dem Diskussionsstand und der Meinungsvielfalt nicht gerecht.

Im abschließenden Unterkapitel 3 wird die Logotherapie nach Victor E. Frankl dargelegt. Frankl kritisiert die tiefenpsychologisch ausgerichteten Therapien, ähnlich wie es auch von den philosophischen Praktikern zu hören ist. Da die Logotherapie jedoch in den Bereich der Psychotherapien fällt, sind die Unterschiede zu Konzeptionen der Philosophischen Praxis besonders interessant.

Mit der vorliegenden Literaturauswahl erhebe ich keineswegs einen Anspruch auf Vollständigkeit, auch nicht annähernd den Anspruch, einen Gesamtüberblick in den jeweiligen Disziplinen verschafft zu haben.
Die Darstellungen sollen lediglich Schlaglichter auf die Abgrenzungsdiskussion werfen und ein Plädoyer für eine differenziertere Auseinandersetzung sein.

1. Beratungspsychologie

(1) Was Philosophen dazu sagen

Die philosophischen Praktiker grenzen sich zwar strikt von Psychotherapien ab, erwähnen aber nicht psychologische Beratung. Es könnte daran liegen, daß der Begriff 'Beratung' allgemeiner verwendet werden kann als 'Therapie'. Die etablierten Beratungen reichen von Rentenberatung, Farbberatung, Eheberatung bis hin zur "Praxis für philosophische Beratung".
Es könnte aber auch sein, daß die praktizierenden Philosophen unter die Kritik an der Psychotherapie gleich die an der psychologischen Beratung subsummieren. Jedes psychologische Beratungskonzept baut ja auf einer bestimmten Therapierichtung auf. Mit der kritischen Distanzierung von psychologischen Konzepten demonstrieren die Philosophen gleichzeitig, daß sie keine Therapie durchführen und beugen so Kritik von Psychologenseite vor.

Die Kritik der Philosophen an Psychotherapien betrifft vor allem das mechanistische Menschen- und Weltbild der psychologischen Theorien und das Autoritätsgefälle in der Therapiesituation. Achenbach anerkennt aber, daß Psychologen sich zu einer Zeit um menschliche Belange gekümmert hatten, in der die Philosophen noch große Weltentwürfe versucht hatten. Mittlerweile sei die psychologische Wissenschaft jedoch so institutionalisiert, daß sie für individuelle Probleme nur noch allgemeine Lösungen anbiete. Übereinstimmend sehen alle praktizierenden Philosophen, daß die starre Ausrichtung der Psychologen an Modellen und der solipsistische Blick - allein das Individuum, ohne Umwelt - das Verständnis von Problemsituationen einengt und dann zu einer unangemessenen Therapie führt. In der Therapiesituation werden die Theorien, nach denen gearbeitet wird, nicht offengelegt. Es kann keine Diskussion darüber stattfinden. Somit besteht in der Therapiesituation ein Autoritätsgefälle zwischen Therapeutin oder Therapeuten und den Klienten.
Graefe unterscheidet sich von dieser gängigen Auffassung und meint, daß Psychotherapien und Philosophische Praxis nicht in Konkurrenz miteinander stehen, sondern sich vielmehr ergänzen. Und Dill möchte sich zunächst mit seiner Arbeit nicht gegen Psycho-

therapien abgrenzen. Er befürchtet, Menschen ein Argument zu liefern, unbequeme Gespräche - egal ob Psychotherapien oder philosophischen Dialog - abzubrechen.

Die Philosophen sind allerdings mit ihrer Kritik an Psychologie und Psychotherapie nicht alleine. Die Psychotherapeuten üben selbst untereinander Kritik.

> "Nach Potter ist die Psychoanalyse ein dynamischer psychologischer Prozeß, in dem zwei Menschen, ein Patient und Psychoanalytiker, beteiligt sind. Während der Patient alles daran setzt, dem Analytiker überlegen zu sein, versucht dieser verzweifelt, ihn in eine Position der Unterlegenheit zu bringen. /.../ Das psychoanalytische Setting macht die überlegene Position des Analytikers fast unangreifbar. Es beginnt schon damit, daß der Patient den Analytiker um Hilfe bitten muß, womit er von Anfang an seine unterlegene Position anerkennt. Diese Position verstärkt sich dadurch, daß er den Analytiker bezahlt. /.../ der Patient wurde /.../ regelmäßig am Zahltag erinnert, ein Opfer zu bringen, um den Analytiker zu unterstützen und damit die überlegene Rolle des Analytikers anzuerkennen, noch bevor ein Wort gesagt ist."(Haley[1,2])

Den philosophischen Kritikern soll hier zunächst die psychologische Beratung entgegengestellt werden. Der Psychotherapie wird später ein eigenes Unterkapitel gewidmet werden. Für die psychologische Beratung wählte ich Dietrichs Ansatz[3] der "Allgemeinen Beratungspsychologie" aus, da er generelle Aspekte jeglicher psychologischer Beratungstätigkeit zu thematisieren versucht. Somit kommt dieses Werk dem Bemühen der praktizierenden Philosophen um grundlegende Konzeptionen für ihre Arbeit ziemlich nahe.

---

1   Jay Haley ist Direktor für Familienforschung an der Philadelphia Child Guidance Clinic; Angaben aus: Haley, Die Psychotherapie Milton Ericksons, München 1978
2   Haley Jay, Die Kunst der Psychoanalyse, in: Die Jesus-Strategie - Die Macht der Ohnmächtigen, Weinheim, Basel 1990, S.72f
3   Dietrich Georg, Allgemeine Beratungspsychologie, Göttingen, 1983

(2) Vorstellung der Beratungspsychologie nach Dietrich

Dietrich erachtet eine Abgrenzung von Beratung zu anderen Formen der "Lebens- und Entwicklungshilfe"[4] als notwendig, damit Beratung nicht in die Gefahr gerät, ihr Gesicht zu verlieren und in anderen Formen aufzugehen.

Eine allgemeine, eindeutige Abgrenzung zur Psychotherapie ist nicht möglich, da jede Schule die Grenzen zwischen Therapie und Beratung anders zieht. Dietrich spricht daher von einer "akzentuierten Trennung"[5], die der Therapie eine kurative, tiefgreifendere Aktivität und der Beratung eine an alltäglicheren und aktuelleren Schwierigkeiten orientierte Aktivität zuordnet. Das zeigt sich unter anderem in ihren unterschiedlich langen Behandlungszeiträumen, in ihren unterschiedlichen Methoden und in ihren Themen.

Erziehung unterscheidet sich von Beratung durch die Konstellation Lehrer und unreifer, unmündiger Mensch. Auch wenn Erziehung Beratungselemente einschließt, basiert sie nicht, wie die Beratung, auf der Begegnung und gemeinsamen Arbeit zweier gleichwertiger Personen. Sie ist auf einen Lebensabschnitt beschränkt und auf die Zukunft hin orientiert.

Generell ist Dietrich bei der Beratung die "Aktivierbarkeit der rationalen Erkenntnistätigkeit der Person"[6] wichtig. Philosophisch beruft er sich auf Nicolai Hartmann. Mit der Annahme, Erkenntnisfähigkeit aktivieren zu können und die Selbstbestimmungskräfte der Menschen wecken zu können, grenzt er sich gegen die Theorien ab, die in der Umwelt den ausschließlichen Faktor für die psychische Verfassung einer Person sehen. Für ihn spielen Umweltfaktoren für die Persönlichkeitsbildung eine Rolle, aber keine ausschließliche. Nicht alle Eigenschaften einer Person können auf die Umwelt zurückgeführt werden. In der Beratung soll die "entwickelbare Fähigkeit des Menschen zur Selbststeuerung und Selbstregulation"[7] herausgearbeitet oder neu aktiviert werden.

---

4   Dietrich, 1983, S.10
5   Dietrich, 1983, S.12
6   Dietrich, 1983, S.V
7   Dietrich, 1983, S.VI

Nicht nur Personen mit psychosozialen Störungen sollten, so Dietrich, beraten werden - das vertreten viele Beratungspsychologien -, sondern schon Personen, bei denen Konflikte, inadäquate Belastungs- oder Entlastungssituationen, Krisen oder Desorientierungen auftreten. Beratung käme bereits in akuten Belastungssituationen der Selbsthilfebereitschaft zugute und hätte damit präventiven bzw. interventiven Charakter. Denn alle belastenden Situationen werden erst durch Fehlverarbeitungen zu sogenannten Störungen.

(2.1) Grundlagen der Beratung

Beratung setzt angesichts subjektiver Schwierigkeiten ein. Diese können aus den unterschiedlichsten Gründen auftreten. Das Gefühl der Beeinträchtigung und Beratungsbedürftigkeit kann bei Entscheidungsschwierigkeiten aufgrund mangelnder Information beginnen und bis hin zu abweichendem Verhalten mit Störungscharakter gehen.[8]
Dietrich selbst geht in seinem Beratungskonzept von einem Menschen aus, der - um seine Schwierigkeiten anzugehen - seine Widerstände überwinden muß. Die Widerstände können sich im klassich analytischen Sinne auf die Störung beziehen oder als gesunder Widerstand auf den noch unbekannten Berater. Dann kann die eigentliche Veränderung des Klienten in der Auseinandersetzung mit sich selbst vonstatten gehen. Es geht um den Entwurf von Zielen und um das Erreichen einer realistischen Problemverarbeitung. Dietrich stützt sich dabei auf den Begriff des "reflexiven Modalbewußtsein" Nicolai Hartmanns[9]. Dieser umfaßt das Wirklichkeitsbewußtsein für das, was aktuell geschieht, das Wertbewußtsein für einen Soll-Zustand, das Notwendigkeitsbewußtsein für das, was wirklich nötig ist und das Möglichkeitsbewußtsein für das, was dann noch tatsächlich möglich ist. Dietrich beschreibt das reflexive Modalbewußtsein als rational-kognitive Grundlage seiner Beratungstheorie. Die Veränderung des Klienten während der Beratung ist jedoch nicht alleine auf das rational-kognitive Lernen, d.h. einsichtiges, sinnvolles

---

8 vgl. Dietrich, 1983, S.14
9 Hartmann Nicolai, Möglichkeit und Wirklichkeit, Meisenheim a.Glan, 1949³, rezipiert von Dietrich, 1983. S.77 ff

und begründetes Lernen, in dem Beziehungen hergestellt, Ursachen gefunden und Zusammenhänge kritisch analysiert und bewertet werden, zurückzuführen. Gleichzeitig muß der Klient emotional lernen, d.h. er muß Bedeutungs- und Wertgehalte von Emotionen ebenso wie das Gewicht von persönlich Bedeutsamem einfühlsam erfassen[10]. Aktionales Lernen ist dann die "Nagelprobe" auf das rational-kognitiv und emotional Gelernte. Der Klient greift aufgrund des Gelernten in die Lebenswelt ein, gewinnt Erfahrungen und kann diese reflektieren usw.

(2.2) Womit Menschen zur Beratung kommen

Menschen suchen Rat in einer Lebenssituation, in der sie über- oder unterfordert sind. Sie sind desorientiert. Ziele oder Wege zu einem Ziel sind aufgrund fehlender Informationen oder unkluger Lösungen nicht erreichbar. Menschen kommen mit inadäquaten "Lebensphilosophien"[11], die die Betrachtung von Sachverhalten behindern. Seelische Verkümmerungen entstehen durch Umwelteinflüsse oder durch Unterdrücken von Trieben. Verbunden sind diese seelischen Verkümmerungen mit dem Gefühl, am Leben vorbeizugehen. Depressive Gefühle durch Über- oder Unterlastung können auftreten.
Konflikte sind etwas ganz Alltägliches. Ihr Entstehen erklärt Dietrich aus dem Zusammentreffen zweier miteinander unvereinbarer Tendenzen innerhalb einer Person oder zwischen zwei Personen. Konfliktbewältigungen tragen in entscheidender Weise zur Persönlichkeitsreifung bei. Problematisch werden Konflikte u.U. erst dann, wenn die Entscheidungssituationen, in denen die Konflikte auftreten, lebensbestimmend und daher sehr gewichtig sind und gleichzeitig die Alternativen gleich bedeutsam erscheinen.[12]

---

10 vgl. Dietrich, 1983, S.90 ff
11 vgl. Dietrich, 1983, S.31
12 vgl. zu diesem Abschnitt, Dietrich, 1983, S.36 ff

Einen großen Raum nehmen weiterhin akute Schwierigkeiten und Krisen im Beratungsbereich ein. Dietrich unterscheidet traumatische Krisen von entwicklungsbedingten Krisen mit "Normalitätscharakter"[13], gemeint ist damit z.B. der Übergang ins Berufsleben und "akzidentiellen Krisen, die aus spezifischen Verlust- und Belastungssituationen erwachsen"[14], z.B. bei Todesfällen. Das psychische Gleichgewicht ist verloren gegangen, mit den vorhandenen Fähigkeiten kann die Situation nicht mehr bewältigt werden.

(2.3) Die Gesprächspartner

Der Berater

Auch wenn die beratende Beziehung eine helfende ist, darf der Berater nicht die Verantwortung für den Klienten übernehmen wollen. Die Berater sollten mehrere Beratungstheorien kennen und über praktische Erfahrungen verfügen. Sie sollten Sensibilität für die Lage des Klienten entwickeln, Achtung vor dem Individuum haben und möglichst objektiv sein. Allerdings spielt dabei jeweils die individuelle Ausprägung, geformt durch Rollenverständnis, Erwartungen, Motivation etc. eine sehr große Rolle.
Welche Methode der Intervention auch immer im beratenden Gespräch benutzt wird, es scheinen einige Verhaltensweisen von zentraler Bedeutung zu sein. Dazu zählt Dietrich 'Realitätsoffenheit' für die Gefühle und Erfahrungen des Klienten, 'Personenbezogenheit', die sich im Grad des Einfühlens zeigt, 'Akzeptationsbreite' als positive Wertschätzung des Klienten[15]. Die elementarsten aller Hilfen, um sich mit sich selbst beschäftigen zu können, sind wahrscheinlich Akzeptanz, Echtheit und Wärme. Allerdings sollten auch die Grenzen dieser Rogerschen Prinzipien erkannt werden, denn die Begegnung zwischen Klient und Berater ist zunächst eine zwischen Fremden.

---

13 Dietrich, 1983, S.40
14 Dietrich, 1983, S.40
15 vgl. Tscheulin D., Die Therapeutenmerkmale in der Psychotherapie, in: Bastine R., Grundbegrife der Psychotherapie, Weinheim 1982, S.415 f, zitiert nach: Dietrich, 1983, S.101 f

Das Vertrauen kann nicht sofort und immer gleich stark entwickelt sein. Zur Problemlösung müssen dann gemeinsam mit dem Klienten Zusammenhänge und Sachverhalte erkannt und verstanden, im Klienten liegende Möglichkeiten entdeckt und Selbstanweisungen entwickelt werden.

Die Besucher

Die Klienten müssen aus eigenem Leidensdruck kommen, über bestimmte reflexive und sprachliche Voraussetzungen verfügen und dürfen keinem deterministischen Weltbild unterliegen. Sie müssen zu einer aktiven Rolle bereit sein und nicht die Verantwortung für sich an die Beraterin oder den Berater abgeben wollen.

> "Eine tiefgreifende Veränderung ist nur unter der Voraussetzung möglich, daß er sich mit sich selbst und seiner Lebenslage auseinandersetzt und aus dieser Auseinandersetzung heraus Position bezieht."[16]

Beratung wäre jedoch verfehlt, würde sich nicht daran anschließend auch das Handeln des Klienten verändern.

(2.4) Das Gespräch

Die Beratung ist eine helfende Beziehung, aber nur in dem Sinne, daß eine Atmosphäre geschaffen wird, in der der Klient zur Selbsthilfe befähigt wird. Medium ist die Sprache.

> "Beratung ist "eine Form des Dialogs zwischen einem Berater ... und einem oder mehreren Ratsuchenden ... Gegenstand des Dialogs ist ein Problem oder eine Fragestellung, die einer Entscheidung zugeführt werden sollen""[17]

Im Gespräch soll der Klient keine konkreten Ratschläge erhalten, sondern angeregt werden, Lösungsmöglichkeiten zu prüfen.

---

16 Dietrich, 1983, S.74
17 Lüttge D., Beraten und Heilen. Beratung als Aufgabe des Lehrers, Bad Heilbrunn, 1981, zitiert nach: Dietrich, 1983, S.7

Voraussetzung für eine sinnvolle Beratung sind das Verstehen des Klienten in seinem momentanen Zustand, ferner das Verstehen seiner Weltsicht, seines Wertbewußtseins, seiner Theorien über die Entstehung seiner Schwierigkeiten und seine Annahme über die Effektivität der Beratung. Der Berater muß sich davor hüten, wissenschaftliche Theorien den alltäglichen vorzuziehen.

"Die bisherige Geschichte der therapeutischen Praxis veranlaßt aber auch zur Frage, ob nicht die wissenschaftliche Erkenntnis und Praxis häufig weniger vernünftig und erfolgreich in der Hilfestellung für die Bewältigung von menschlichen Problemen ist, als sie dies optimistischerweise unterstellt."[18]

(2.5) Das Ziel

Die momentane Desorientierung des Klienten soll beseitigt werden und durch eine Neuorientierung ersetzt werden, die einen realistischen Lebensbezug in kognitiver, emotionaler und volitiver Hinsicht ermöglicht. Die Handlungskompetenzen und Selbstregulationsfähigkeiten sollen verbessert werden. Bei Konflikten kann der Klient unterstützt werden, herauszufinden, was ihm eigentlich wichtig ist, um so fähig für eine Entscheidung zu werden.
Eine Änderung des Klienten wird angestrebt. Die Änderung "/.../ ist vielmehr so zu verstehen, daß der Berater dem Klienten Hilfe leistet, sich und bestimmte Aspekte seiner Lebenswelt zu ändern /.../"[19] Die Veränderung soll sich nicht nur auf die rational- reflexive Ebene beziehen, sondern verbunden sein mit emotionalen und aktionalen Erfahrungen.[20]

---

18 Dietrich, 1983, S.97
19 Dietrich, 1983, S.3
20 vgl. Dietrich, 1983, S.8 f

(3) Kommentar

Aus der obigen Darstellung wird recht deutlich, auf welche Aspekte des Beratungsgespräches Dietrich als ein Vertreter der psychologischen Beratung sein Augenmerk lenkt. Für ihn sind zunächst die Prozesse, die sich während der Gespräche beim Klienten oder der Klientin vollziehen von Interesse. Er sieht zwar Ursachen für Krisen und psychische Störungen in Umwelteinflüssen, Rollenzuschreibungen und fehlenden Gemeinschaften, bleibt aber bei diesen allgemeinen Formulierungen. Konkrete Zusammenhänge z.B. zwischen Umweltfaktoren und Krisen werden leider nicht aufgezeigt.

"Grundsätzlich ist das, was die Person werden kann, immer auch davon abhängig, ob die Verhältnisse, in denen sie lebt, dies zulassen bzw. inwieweit sie dies zulassen. Psychische Veränderungen sind hinsichtlich ihrer Möglichkeit auch vom äußeren Dürfen mitbedingt. Beratung stößt häufig deswegen auf Grenzen, weil es ihr nicht möglich ist, bestimmte Bedingungen in der Lebenswelt des Klienten herzustellen oder zu verändern."[21]

Dietrich erwähnt, daß gezielte Informationen in der Beratung, auch aus anderen Disziplinen, notwendig sein können. Aber auch hier bleibt er lediglich bei einer allgemeinen Aussage. Ebenso wie die praktizierenden Philosophen veranschaulicht er seine theoretischen Erkenntnisse nicht.

Es zeigen sich aber andere erstaunliche Ähnlichkeiten zwischen beiden "Disziplinen". Eine Beratung, bzw. ein Gespräch, wird jeweils als Stützung und Stärkung der Selbsthilfebefähigung angesehen. Dazu gehört, daß keinerlei Ratschläge erteilt werden. Um die Kompetenz zur Selbsthilfe zu stärken, wird übereinstimmend als notwendige Voraussetzung erachtet, daß keine Verantwortung für den Besucher oder die Klientin übernommen wird, ein gewisses Maß an Reflexionsfähigkeit notwendig und möglichst genaues Verstehen der Besuchenden unerläßlich ist. Dietrich warnt vor einer Überschätzung der "professionellen" Interpretationsfähigkeit, die lediglich durch Theorien geleitet sind. Immer muß damit gerechnet werden, daß die eigene Interpretationsfähigkeit der der Klientin oder des Klienten unterlegen sein kann.

---

21 Dietrich, 1983, S.84

Ähneln sich die Gesprächshaltungen der praktizierenden Philosophen und der psychologischen Berater, werden die Gesprächsziele unterschiedlich gesetzt. In der psychologischen Beratung wird eine Änderung der zu beratenden Person angestrebt. In der Philosophischen Praxis wird das Ende offen gelassen. Die Besuchenden nehmen mit, was sie wollen.

Im Bemühen um die Schaffung eines theoretischen Hintergrundes kämpft Dietrich offensichtlich mit ähnlichen Problemen, wie die praktizierenden Philosophen, die ihre eigene Tätigkeit erklären oder ein Gesamtkonzept Philosophischer Praxis entwickeln wollen. Dietrich sieht, daß in der Forschung über Beratung und ihre bedingenden Faktoren und Wirkungsweisen, Anleihen an vielfältigen pädagogisch-psychologischen Erfahrungen und an Ergebnissen klinischer Psychologie getätigt werden, die wiederum mit Hilfe verschiedenster Erklärungsmodelle beschrieben werden. Die Vielfalt, die sich dadurch ergibt, ist schwer zu ordnen.

Drei Kernprobleme gibt Dietrich an, weshalb ein Theoriedefizit bei gleichzeitiger Flut von Therapiemethoden herrscht:

Es existieren einmal verschiedene Meinungen darüber, was eigentlich wissenschaftlich sei. Die experimentelle steht neben der phänomenologischen Auffassung. Die Erkenntnisse sind nicht vergleichbar.

Zum zweiten steht das praktische Handeln in der Psychotherapie als auch in der Beratungspsychologie nur in bedingtem Zusammenhang mit der angeblich zugrundeliegenden Theorie. Berater und Psychotherapeutinnen arbeiten mit Erfahrung und Gefühl. Die Handlungskonsequenzen sind u.U. nicht durch die bewußt übernommene Theorie oder die erlernte Methode abgedeckt.

Und zum dritten sind die zugrundeliegenden Menschenbilder zu einseitig und damit unbefriedigend, erfassen nicht die Komplexität einer Person und ihrer Beziehung zur Umwelt. Für eine umfassende Theorie sind sie nicht verwendbar.

Zumindest der zweite und dritte Aspekt erklärt meines Erachtens nach, warum kein zufriedenstellendes Modell Philosophischer Praxis existiert. In der Beschreibung der eigenen Praxis werden die praktizierenden Philosophen offensichtlich davon geleitet, wie sie sich ihre Praxis vorstellen. Das, was sie eigentlich tun, wird deshalb oftmals unzutreffend beschrieben. Ich verweise auf Dills Interpretationen von Äußerungen seiner Besucher und Besucherinnen, die eindeutig von seiner Dialogtheorie geleitet sind und mit Leichtigkeit und aus guten Gründen auch ganz anders verstanden werden könnten. Desweiteren zeigen sich in den Menschen- und Weltbildern Einseitigkeiten, die - wie Dietrich es für die Beratungstheorien feststellt - nicht für eine umfassende Theorie geeignet sind. Ich erinnere an Achenbachs Selbstverwirklichungsidee und Witzanys Konzentrierung von Weltproblemen auf ökologische Probleme.

Hinweise auf speziell "philosophische Einsatzmöglichkeiten" werden in Dietrichs Darstellung gut erkennbar. Dietrich verwendet den Begriff 'Wertbewußtsein' im Zusammenhang mit dem reflexiven Modalbewußtsein. Das reflexive Modalbewußtsein sei ein Bewußtsein für das Ideal einer besseren lebensweltlichen Realität. Unklar ist aber, in welchem Sinne er den Begriff 'Wert' verwendet. Und da würde philosophische Reflexion einsetzen. Ist das Ideal einer übergeordneten Welt gemeint, ganz abgetrennt von der tatsächlichen Lebenswelt? Oder denkt er an Werte im Sinne von handlungsrelevanten Normen? Oder geht es um eigene Werte, die - wie es in der Philosophischen Praxis denkbar ist - dem Klienten, der Klientin nur bewußt gemacht werden sollen?

Mit der geballten philosophischen Kritik im Hinterkopf ist es überraschend, wie deutlich Probleme und Kritikpunkte der Philosophen den Psychologen sind. Die Philosophen täten klug daran, sich mit den Erfahrungen der Psychologen in Beratung und Therapie offener auseinanderzusetzen. Vieles wird dort bereits systematisiert und versucht zu erklären, was bei den praktizierenden Philosophen noch recht undurchsichtig dargestellt erscheint.

2. Seelsorge

(1) Was Philosophen dazu sagen

Kritik üben praktizierende Philosophen auch an Theologie, der Institution Kirche und der Seelsorgepraxis. Das bedeutet jedoch nicht, daß religiöse Themen oder religiöse Erfahrungen in einer Philosophischen Praxis tabu seien. Vielmehr verstehen sich die praktizierenden Philosophen, die diesen Fragen gegenüber offen sind, als die besseren - weil unabhängigen - Seelsorger.

Achenbach sieht in der heutigen Zeit die Auseinandersetzung mit religiösen Fragen als weitere Aufgabe auf die Philosophie zukommen. Menschen seien religiös nicht in Sicherheit, da die großen Lebenskrisen und vor allem die Sicherheit, daß wir sterben müssen, weiter bestünden. Doch wollten Menschen mit diesen Fragen nicht mehr zum Pastor gehen, von dem sie annehmen,

> "hier antworte jemand nach der Maßgabe seiner Professionalität und seines Antwortenmüssens, seiner Verpflichtung gewissermaßen, jetzt darf ich mal frech reden, Bodenpersonal Gottes zu sein."[1]

Achenbach kritisiert das festgefahrene Verhalten der Seelsorger, die für individuelle Probleme allgemeine Lösungen anboten und anbieten,

> "also "vorliegende" Antworten aus einem verbürgten Bestand, die von der besonderen Frage lediglich abgerufen, nicht aber von ihr herausgefordert wurden. Pastorale Dienstleistung hieß nicht nur, sich um die Seele zu sorgen, sondern festzuschreiben, was die Sorge der Seele ist."[2]

Im Gespräch mit dem Philosophen dagegen wird auf einen freieren Diskurs gehofft, der kritische Elemente einschließt.

---

1 Transkription einer unvollständigen, privaten Viedeoaufnahme einer Fernsehsendung des Hessischen Rundfunks über Philosophische Praktiker, ausgestrahlt 1988
2 Achenbach in: Achenbach (Hrsg.): Schriftenreihe zur Philosophischen Praxis, Bd.I,Köln 1984, S.5

Hermann Lübbe[3,4] bemerkt in einem Gespräch mit Achenbach, daß es keine Lebenskunst ohne ein irgendwie geartetes Verhalten zum Tod gebe. Zu diesem Verhalten gehören bestimmte Rituale, die kultiviert und eingeübt werden müssen, um sich zu solchen elementaren Lebenselementen in Beziehung setzen zu können.

Kommen Menschen mit seelischen Leiden zu Graefe in die Praxis, analysiert er - wie bereits dargestellt - die Schwierigkeiten auf verschiedenen Ebenen. Eine dieser Ebenen nennt er 'transpersonale Ebene' und meint damit das religiöse Selbstverständnis, mit dem er selbst bei scheinbar atheistisch eingestellten Menschen rechnet. Der verdrängte religiöse Aspekt könne sich z.B. in einem Technikfanatismus ausdrücken: ""homo faber" hat Angst vor der Hingabe und verdrängt darum den "homo religiosus""[5]

Trotzdem erleben diese Menschen Okkultes, Phantastisches, wie es Graefe nennt. Diese Erlebnisse "werden ernst genommen als persönlicher Ausdruck des Klienten, die zurückweisen auf uralte menschheitliche Archetypen[6]".[7] Im philosophischen Gespräch müssen diese Erlebnisse in die Alltagswelt des jeweiligen Menschen "übersetzt" werden.

Dill sieht, daß Theologen, ebenso wie Psychologen, von Vorurteilen - und nicht wie Achenbach annimmt durch Theorien - in bestimmte Rollen gedrängt werden.[8] Die Theologen sollen Trost und Versöhnung bringen und einen Zugang zur Religion ermöglichen.

Gleichzeitig kritisiert Dill die Praxis christlicher Theologie: Die Form der Predigt als Monolog spreche niemanden mehr an. Versuche, die Predigtformen zu verändern und ansprechender zu gestalten oder gar Gespräche über Sinnfragen zu führen, müßten aufgegeben werden, da von Vorgesetztenseite Einspruch erhoben werde. Außerdem mache "Kirche und Religion nicht neugierig".[9] Es sei keine Substanz mehr vorhanden.

---

3 ebd.
4 Hermann Lübbe ist Professor für Philosophie und politische Theorie an der Universität Zürich
5 Graefe, Privatdruck, 1989, S.3
6 Graefe verweist auf C.G. Jung, Grof, Jaspers - Konzept der "Verstehenden Einfühlung"
7 Graefe, Privatdruck, 1989, S.3
8 vgl. Dill, 1990, S.15
9 Dill, 1990, S.100

"Der Kern des Kommunikationsproblems darf nach wie vor innerhalb der Kirche nicht einmal gedacht werden: nicht die Form der Botschaft und der Predigt, sondern die Botschaft selbst ist hohl, leer und bedeutungslos geworden. /.../ Wahrscheinlicher ist, daß die Zuhörer die Zitate[10] nur allzugut kennen und sie nicht mehr hören können. Die Kirche ist eine geistige Institution, die einfach zu lange existiert. Wie auch immer sie versuchen kann, Anschuß an den Zeitgeist zu finden: Jeder spürt, daß diese Anbiederung gekünstelt ist und das Wesen der Institution nicht verändert."[11]

Und trotzdem existiert 'Gott', so Dill. Die Philosophie muß allerdings einen anderen Umgang mit dieser Frage finden, denn die Religion ist nicht durch Philosophie aufgehoben, wie es manche Philosophen annehmen. Gott bleibt als ewiger Rest religiöser Versuche zurück. Denn "Gott sperrt sich gegen die Religion ebenso, wie gegen die Philosophie"[12].

Im philosophischen Dialog sieht Dill eine Chance, "Gott zu Gast"[13] zu haben. Die Grenzen eines philosophischen Dialogs - Gefühle auf der einen Seite, die in der Philosophie stets heraus gehalten worden seien und die intellektuelle Grenze auf der anderen Seite - fielen mit den Grenzen der Erfaßbarkeit eines Gottes im philosophischen Dialog zusammen.

"Der erwähnte Verlust der Neugierde, der die Kirchen leert und die Pastoren deprimiert, ist Folge davon, daß zuviel über Gott gesagt und geschrieben wurde. Unverständliches dagegen macht neugierig."[14]

Witzany äußert sich in seinen Schriften nicht zur Theologie. Im durchgeführten Interview berichtet er, daß religiöse Themen in seiner Praxis behandelt würden. Ein Austausch über religiöse Erfahrungen fände statt.

Ein Seelsorgegespräch mit Theologen, so vermutet er, würden diejenigen Menschen führen, die eine Sicherheit für ihren Glauben

---

10 mit 'Zitaten' meint Dill Bibeltexte
11 Dill, 1990, S.100
12 Dill, 1990, S.102
13 Dill, 1990, S.99 ff
14 Dill, 1990, S.103

suchten. Im Gegensatz zu den anderen Philosophen sieht Witzany theologische Grundlagen und institutionalisierte Religion als wahrscheinlich notwendige Basis für ein Seelsorgegespräch an.

(2) Seelsorgekonzepte

Es existieren - stark vereinfacht - z.Zt. zwei Seelsorgerichtungen. Die kerygmatische[15] Seelsorge[16] will Seelsorge mit Verkündigung verbinden. Die andere[17], von Tacke "beratende Seelsorge" genannt, lehnt diese Verbindung von Seelsorge und Verkündigung strikt ab. Diese beiden Positionen stecken den Rahmen der Seelsorgediskussion ab. Für die kerygmatische Seelsorge ist die Begegnung die Voraussetzung zur Verkündigung des Evangeliums. Für die beratende Seelsorge besteht das Evangelium im Vollzug des Dialogs selbst.
Im folgenden stelle ich die beiden Richtungen dar. Für die kerygmatische Seelsorge wird vornehmlich auf Thurneysen Bezug genommen, die beratende Seelsorge wird durch den Ansatz Scharfenbergs dargestellt. Tacke kommt als Vertreter einer Mittelposition zwischen beiden Extremen zur Sprache.

Zu den Seelsorgekonzepten der dialektischen Theologie, die Gespräch mit Verkündigung verklammern, zählt das in den 30-er Jahren entwickelte Seelsorgekonzept von Asmussen, das auch von Thurneysen in den 40-er Jahren aufgegriffen worden war. Thurneysens Methode besteht - kurz gesagt - darin, den Besucher von der Erzählung seiner Schwierigkeiten hin zum Wort Gottes zu führen.

> "Das Gespräch wird dazu geführt, daß es im Gespräch selber zu der großen seelsorgerlichen Wendung, der Störung und Brechung des Gespräches durch das Hören auf das Wort Gottes komme."[18]

Der "eigentliche Bereich"[19] soll durch das Gespräch unangetastet

---

15 nach Tacke, 1979^2: Kerygma = Inhalt und Form der Verkündigung
16 vgl. Tacke, Glaubenshilfe als Lebenshilfe - Probleme und Chancen heutiger Seelsorge, Neukirchen 1979^2 (1975^1)
17 Scharfenberg Joachim, Seelsorge als Gespräch, Göttingen 1987^4 (1972^1)
18 Thurneysen Eduard, Die Lehre von der Seelsorge, 1946, S.121
19 Scharfenberg, 1987^4, S.9

bleiben. Seelsorge wird deshalb säkulären Gesprächstechniken gegenüber abgegrenzt. Sie sollen keinen Eingang in Seelsorgegespräche finden. Scharfenberg, der die Gegenposition einnimmt, kritisiert an diesem Konzept, daß ein Gespräch lediglich Anknüpfungspunkt für die Verkündigung sein soll, ohne auf die eigentlichen Probleme des Klienten einzugehen. Verkündigung und weltliche Probleme werden vermischt. Scharfenberg meint, daß psychologische Techniken hier allenfalls dem "Aufknacken" des Besuchers dienten. Ihm wird ein schlechtes Gewissen bereitet, damit die seelsorgerliche Frucht auf fruchtbaren Boden fällt. Kommt es zum Bruch des Gesprächs - die Erzählung des Klienten wird vom Seelsorger abgebrochen und durch Verkündigung seinerseits fortgeführt -, läuft der Klient "ins Leere". Die Rolle, die der Seelsorger einnimmt, ist die eines geistlichen Vaters.[20]

Der Erfolg eines seelsorgerlichen Gesprächs beruhe nicht auf empirisch ermittelbaren Größen, sondern sei "Geschenk des Geistes /.../, der wehe, wo er wolle".[21]

Scharfenberg übt weiterhin Kritik an der theologischen Sprache. In seelsorgerlichen Gesprächen oder Predigten wird ein 'Sprachspiel', um einen Begriff Wittgensteins[22] zu verwenden, gespielt, das wenig Ähnlichkeit mit alltäglich verwendeter Sprache aufweist und daher schwer zu verstehen ist. Die Bedeutung von Äußerungen in der Predigt kann nicht mehr "alltagssprachlich" verstanden werden (Was heißt das konkret für meinen Alltag? Welche alltäglichen Phänomene sind damit gemeint? etc.), da bedeutungsmäßige Ähnlichkeiten der Predigtsprache und der Alltagssprache nicht mehr festzustellen sind. Mit zu den Formen veralteter Gesprächsweisen zählt Scharfenberg die Beichte. Die Beichte ist sinnvoll für den innengelenkten Menschen, der seine Orientierung und ethische Ausrichtung in der Innerlichkeit findet und dessen Gewissen als weisende und korrigierende Instanz diene. Für den außengeleiteten Menschen der heutigen Zeit ist die Beichte jedoch keine adäquate Gesprächssituation. Ihn drückt nicht mehr das schlechte Gewissen, sondern es drängt ihn nach Gesprächen, in denen Konfliktsituationen durchgesprochen, verstanden und bewältigt werden können. Theologisch begründet wird

---

20 Wölber, 1963 (nach Scharfenberg)
21 **Scharfenberg Joachim**, Seelsorge als Gespräch, Göttingen 1987[4] (1972[1]), S.9
22 Wittgenstein Ludwig, Philosophische Untersuchungen

diese Haltung durch die Annahme, daß jeder Einzelne frei sei, neue Möglichkeiten für die Konfliktlösung zu finden. Rogers Gesprächskonzept klingt durch.
Sind im Gespräch dann Worte für das "innere Treiben", "Drücken" etc. gefunden worden, so

> "kann das Gespräch als Fundstelle ethischer Entscheidung bezeichnet werden. In ihm erschließen sich Möglichkeiten, an die keiner der beiden Partner vorher gedacht hat. /.../ Es dürfte eine Schicksalsfrage der Lebensäußerungen der Kirche sein, ob das Gespräch in ihr zum Strukturelement werden kann."[23]

Ebenso benötigt die Botschaft Jesu, um zu überleben, einen ständigen Dialog in den wechselnden geschichtlichen Umständen, einen Dialog zwischen den Forderungen Jesu und den Anforderungen der jeweiligen Zeit. Das Wesen des christlichen Glaubens ist das Streitgespräch und nicht die falsche Verhüllung und die Autorität Jesu.

Eine Neuorientierung in der Seelsorge wird für Scharfenberg notwendig, da sie ihre Monopolstellung verloren habe und säkularer Konkurrenz ausgesetzt sei. Durch Parallelen von Problemen im säkularen und theologischen Bereich sieht er Möglichkeiten, weltliche Formen in die seelsorgerliche Gesprächsführung zu übernehmen.
Mit einer Neuorientierung sind für Scharfenberg bestimmte Forderungen an das seelsorgerliche Gespräch verbunden:
Im Gespräch soll Befreiung stattfinden und Freiheit eingeübt werden. *Befreiung* findet statt, wenn unbewußt Gewordenes sprachlich rekonstruiert und Triebhaftes in Worte gefaßt und damit faßbar und veränderbar gemacht wird. *Freiheit* wird erreicht und eingeübt, wenn es gelingt, im Gespräch Empfindungen und Gefühle in Worte zu verwandeln. "Der Mensch versteht sich selber nur, indem er die Verstehbarkeit seiner Worte an anderen versuchend geprüft hat"[24] Sprechen schließt unbedingt Verstehen mit ein. Wir verstehen uns nicht aufgrund einer ewig und überall gleichen menschlichen Natur (wie einige Sprachtheorien annehmen), sondern aufgrund unserer gemeinsamen Praxis, aufgrund des gemeinsamen Miteinanderumgehens in Gruppen, in der Gesellschaft, in der Welt. Es ist nicht sinn-

---

23 Scharfenberg, 1987[4], S.43
24 Humboldt, Über die Verschiedenheit des menschlichen Sprachbaus, S.225, in: Scharfenberg, 1987[4], S.25

voll von "Wahrheiten" menschlicher Erfahrungen zu sprechen. Nicht objektive Tatbestände zählen, sondern Glaubwürdigkeit. Gewisse Garantien dafür erhält der Mensch in Gemeinschaften, Gruppen, in der Familie oder der Kirche.
Für Scharfenberg ist es wichtig, daß die seelsorgerlichen Gesprächspartner - ebenso wie psychotherapeutische - ständig wach und ehrlich ihre eigene Stellung reflektieren, um ihre Besucher nicht unfair zu beeinflussen. Der Seelsorger selbst sollte deshalb in einem ständigen seelsorgerlichen Prozeß stehen, d.h. supervisiert werden. Denn es ist unwahrscheinlich, daß ein Mensch in irgendeinem Sektor losgelöst von seinen Überzeugungen handeln kann.[25]
Anleihen sollte die Seelsorge, so Scharfenberg, an der tiefenpsychologisch orientierten Gesprächsführung tätigen. Das Ziel in der Tiefenpsychologie ist es, Widerstände zu überwinden, indem reflektiert mit Übertragungen umgegangen wird. Mit dem Begriff 'Übertragung' sind unbewußte Besetzungen von Objekten mit subjektiven Empfindungen gemeint. Beide werden als zusammengehörend empfunden. Die Trennung von Übertragungselementen und den besetzten Objekten ist Deutungsarbeit, die mehr ist als Selbstexploration. Es existieren überindividuelle Deutungszusammenhänge. Damit bestehen Ähnlichkeiten zu biblisch anthropologischen Einsichten und die Einbeziehung von Bibeltexten kann sinnvoll sein. Damit werden Einzelerfahrungen in ein Sinnganzes eingeordnet und Unsägliches und Unerhörtes in sinnvolle menschliche Erfahrung verwandelt.
Innertheologisch steht für Scharfenberg die Berücksichtigung verschiedener Aspekte in der Weiterentwicklung der Seelsorgekonzepte an: Die Familie sei zu berücksichtigen. Mögliche Abhängigkeitsverhältnisse und Ängste, die in jedem Veränderungsprozeß auftreten können, müssen beachtet werden. Die Gefahr des Abreagierens und des Gesprächsabbruchs besteht. Bei psychiatrischen Problemen müssen Fachpersonen herangezogen werden.

Tacke, der eine Vermittlung zwischen beiden Extrempositionen anstrebt - Thurneysen und Scharfenberg seien der Einfachheit halber als ihre Vertreter benannt -, korrigiert wiederum Scharfenbergs Position. Thurneysen, so Tacke, geht von einer lebendigen Gemeinde aus,

---

25 vgl. Tacke, 1979[2], S.21

bei der mit geistigen und geistlichen Erkenntnissen und Bedürfnissen zu rechnen ist und diese auch erwartet werden. Die Notwendigkeit der menschlichen Begegnung ist in der kerygmatischen Seelsorge bereits artikuliert. So unterbreche Verkündigung ein Gespräch nicht. Dies werde von Kritikern aus den Reihen der beratenden Seelsorge übersehen. Ziel der kerygmatischen Seelsorge ist die gemeinsame Wendung zur Verheißung.

> "Nicht die Destruktion des freien dialogischen Umgangs der Seelsorgepartner ist beabsichtigt, sondern die Wendung zum gemeinsamen Umgang mit den Verheißungen Gottes, wodurch das Gespräch erst zur Seelsorge wird."[26]

Tacke hält der Gesprächskonzeption Scharfenbergs entgegen, daß dieser durch sein Bestreben, theologische Inhalte aus den Gesprächen herauszuhalten, indem er gegen diese explizit nur die Form des Gesprächs (Hörbereitschaft, Offenheit und Solidarität) stellt, vollkommen das Profil kirchlicher Seelsorge verwischt. Neue Aktionsräume werden zwar eröffnet und die Selbständigkeit der Seelsorge durch Aufgeben der Verkündigung erreicht, aber gleichzeitig ist nicht mehr deutlich, worin sich kirchliche von säkularer Seelsorge unterscheidet. Tacke weist auf die Gefahr der Selbstüberschätzung hin.

> "Eine nahezu omnipotente Seelsorge scheint den Angriff auf sämtliche Bastionen menschlicher Gefangenschaft und Verzweiflung aufzunehmen und Tore der Freiheit zu öffnen, die als fest verschlossen galten."[27]

Durch die Wendung der Seelsorge hin zur beratenden Seelsorge wird außerdem eine hohe Ausbildung erforderlich. Damit ist sie keine gesamtkirchliche Bewegung mehr.

---

26 Tacke, 1979^2, S.85
27 Tacke, 1979^2, S.18

Tacke selbst lehnt eine direktive Verkündigung ab. Er ist sich der sensiblen Situation des Seelsorgegesprächs bewußt. Ebenso wie Scharfenberg betont er die Vermittlung "entfremdeter Sprachen", wobei das seelsorgerliche Gespräch größere Flexibilität und Offenheit als z.B. Predigt und Unterricht verlange.

> """Einlaß" ins Leben des sorgenden Menschen wird dem biblischen Zeugnis zumeist aber erst dann gewährt, wenn es ausgelegt und in seiner Intention von heutiger Sprache aufgenommen und angeboten wird. /.../ Das seelsorgerliche *Um*sprechen biblischer Inhalte wird sich nicht zuletzt der *erzählenden* Sprache bedienen. /.../ Erzählt der sorgende Mensch seine *eigene* Geschichte, so ist er auch bereit, die Geschichte *Gottes* zu hören."[28]

Tacke meint, daß menschliche Worte manchmal nicht mehr ausreichen, wenn es im seelsorgerlichen Gespräch um Ängste, Sorgen und Hoffnungen geht, die psychisch verborgen sind und "erstarrte Regionen einsamer Reflexionen"[29] hinterlassen. Die Sprachhilfe Gottes wird benötigt.

> "So wichtig es ist, daß der Seelsorger zuhören kann, so wichtig ist zugleich, daß er seinem Partner auch etwas zu hören *gibt*. Der Seelsorger sei ein Liebhaber der erzählten Gottes- und Menschengeschichte."[30]

(3) Kommentar

Die Gesprächskonzepte philosophischer Praktiker und die drei angedeuteten seelsorgerlichen Konzepte von Thurneysen, Scharfenberg und Tacke zeigen interessante Parallelen, wobei Scharfenbergs Konzept den philosophischen Konzepten am nächsten kommt. Die beiden anderen sind wesentlich theologischer ausgerichtet.

---

28 Tacke, 1979², S.92
29 Tacke, 1979², S.89
30 Tacke, 1979², S.115

Der Dialog wird sowohl in den philosophischen als auch in den theologischen Konzeptionen als Möglichkeit zur Befreiung von Triebhaftem und Unbewußtem angesehen. Tacke vertraut dabei auf die "Sprachhilfe Gottes", sieht allerdings Grenzen bei psychischen Belastungen,

> "wenn der leidende Mitmensch in sich selbst verstummt, weil psychische Lähmungen ihn daran hindern, sich zu äußern, sich nach außen mitzuteilen."[31]

Scharfenberg versucht, mit gesprächstherapeutischen Techniken die Sprachlosigkeit zu überwinden und die Einbettung in größere Zusammenhänge zu erreichen. Bibeltexte setzt er in verschiedenen Funktionen ein. Einmal bietet er Verstehenshilfe, wenn er individuelle Erfahrungen in den biblischen Kontext einordnet - ähnlich wie Graefe, der menschliche Erfahrungen in Archetypen[32] übersetzt. Wie die Archetypen bei Jung drücken biblische Bilder menschliche Grunderfahrungen aus. Es ist Letztes, nicht Rationalisierbares. Zum anderen verbindet Scharfenberg Individualgeschichte mit der "großen Geschichte" biblischer Erzählungen und ähnelt damit philosophischen Bemühungen, Individualgeschichte mit der "großen Geschichte" zu verbinden. Anders als im philosophischen Gespräch, werden im so geführten seelsorgerlichen Gespräch m.E. nach von vorneherein konkrete Wertmaßstäbe, wie Einsatz für die sozial Benachteiligten, Erhalt der Schöpfung etc. mitgegeben und umgesetzt.

Daraus allerdings die Einschätzbarkeit des seelsorgerlichen Gesprächspartners ableiten zu wollen, ist nicht gerechtfertigt, sonst würden nicht unterschiedliche Konzepte nebeneinander existieren.

Die Ziele für den Besucher oder die Besucherin, Befreiung zu neuer Entscheidungsfähigkeit zu erlangen, gleichen sich. Philosophische Praxis läßt jedoch bewußt mehr Themen als nur "seelsorgerliche" zu.

---

31 Tacke, 1979[2], S.118
32 Archetypen: Jung unterteilt das Unbewußte in das persönliche und das kollektive Unbewußte. Das kollektive Unbewußte erzeugt nach bestimmten Strukturierungsprinzipien überindividuelle Grundmuster, die Archetypen. Sie "zeichnen sich durch ihren mythologischen Charakter aus; sie sind unabhängig von einer bestimmten Kultur, Rasse oder gar persönlichen Lebensgeschichte der gesamten Menschheit gemeinsam."
aus: Kriz, 1985, S.72

Hinweisen möchte ich beispielsweise auf Politikberatung oder Gespräche über philosophische Themen und Literatur. Die ausführliche Diskussion, ob psychotherapeutische Techniken als Explorationstechniken angewandt werden sollen oder nicht, deutet darauf hin, daß mit schweren psychischen Belastungen unter Seelsorgeklienten gerechnet wird. Philosophische Praktiker, bis auf Achenbach, distanzieren sich von der Arbeit mit Menschen, die psychische Störungen aufweisen. Seelsorger hingegen suchen das Gespräch mit diesen Menschen. Die Diskussion über psychotherapeutische Techniken ist dann verständlich. Übereinstimmend werden die Kompetenzgrenzen des philosophischen Dialogs und des Seelsorgegesprächs bei psychiatrischen Erkrankungen gesehen.

Die Abgrenzung zur Psychologie erscheint in Scharfenbergs Seelsorgekonzept nicht so verkrampft wie in den meisten philosophischen Konzepten. Durch die bewußte Übernahme psychologischer Techniken, in denen bereits therapeutische Erfahrung verarbeitet ist, wirkt Scharfenbergs Konzept wesentlich strukturierter und praktikabler als die philosophischen.

Nicht berücksicht wird in der Seelsorgetheorie die tatsächliche Alltagssituation der Kirche. Die Seelsorger werden wahrscheinlich nicht nur aus inhaltlichen Gründen nicht mehr aufgesucht. Auf dem Land mag das seelsorgliche Gespräch noch eher möglich sein, wenn auch die dörflichen Strukturen starken Kontrollcharakter haben können und den Gang zum Pfarrer erschweren. In der Stadt stehen seelsorgliche Anlaufstellen in Konkurrenz zu psychologischen Beratungsstellen. Außerdem ist es im seelsorglichen Alltag schwer, darauf weist Tacke hin, einen kontinuierlichen Dialog zu führen. Der Alltag läßt nur sporadische Kontakte zu. Die betroffenen Gesprächspartnerinnen und Gesprächspartner würden dadurch immer wieder enttäuscht werden.

Ein weiterer Punkt, der weder in der Seelsorgediskussion, noch von den Philosophen angesprochen wird, ist das praktizierte religiöse Leben. Inwiefern religiöse Bedürfnisse im Reden über diese gestillt werden können, ist fraglich. Vermutlich kann dieser Aspekt in einer Philosophischen Praxis nicht berücksichtigt werden, wird von anderen Seiten auch in der kirchlichen Praxis vermißt und eher in Newage-Gruppen und ähnliche Gruppen erfüllt.

An der Kritik der philosophischen Praktiker ist, wie fast immer, "etwas dran". Nur läuft die Auseinandersetzung zu undifferenziert. So gibt Dill z.B. ein Vorurteil wieder, wenn er annimmt, Veränderungen an der Predigtform scheiterten alleine am Verbot der Vorgesetzten. Sie scheitern vielmehr oft an den Menschen, die in die Kirche kommen und sich gegen kultische Änderungen sperren. Und seine Annahme, die biblischen Zitate seien langweilig, da zu bekannt, wird in der Praxis widerlegt. In den kirchlichen Gemeinden herrschen Unwissen, Aberglaube und Vorurteile. Die Argumente der meisten philosophischen Praktiker richten sich gegen weitverbreitete Vorurteile und nicht gegen die tatsächlichen, innerhalb der Theologie diskutierten, Konzeptionen.

Damit wird der Diskussion die Brisanz von scharfen und guten Argumenten genommen.

3. Logotherapie nach Victor E. Frankl

> Der Mensch reagiert nicht die Triebe ab, er reagiert nicht auf Reize - er agiert in eine Welt hinein, in eine Welt von Aufgaben, die zu erfüllen er sich sehnt, in eine Welt von Partnern, die er lieben könnte...[1]

Im letzten Unterkapitel sollen nun psychotherapeutische und Philosophische Praxis einander gegenübergestellt werden. Es war unmöglich <u>die</u> Psychotherapie mit <u>der</u> Philosophischen Praxis zu vergleichen. So wenig es möglich ist, eine Philosophische Praxis zu finden, die für alle anderen Praxen stehen könnte, ist es unmöglich, eine für alle Psychotherapien repräsentative Psychotherapierichtung zu finden. Aus der Fülle der verschiedenen psychotherapeutischen Richtungen mußte ich einen Ansatz auswählen, um nicht den "Rahmen zu sprengen".[2]

Aus zwei Gründen wählte ich nun das Konzept der Logotherapie nach Victor E. Frankl aus: Achenbachs Vehemenz der Abgrenzung gegen Frankl machte neugierig[3]. Und dann nähert sich Frankl von der psychotherapeutischen Richtung her der Philosophie, da er erlebt, daß Menschen, deren Probleme eigentlich philosophischer Natur sind, zu Psychotherapeuten, Psychiatern und Ärzten kommen.

---

1 Frankl, 1982, S.32
2 Eine gute Systematik der Psychotherapie findet sich in: Kriz Jürgen, Grundkonzepte der Psychotherapie, München-Wien-Baltimore, 1985
3 "/.../ die - eher missionarisch ambitionierte - "Logotherapie" von FRANKL ist ein Beispiel solcher pseudophilosophischen Verpackungen therapeutischer Konzepte." Achenbach, Philosophische Lebensberatung - Kritik der auxiliaren Vernunft, 1984, S.53

(1) Was Philosophen zur Psychotherapie sagen

Wie oben bereits erläutert, nehmen die einzelnen Philosophen recht unterschiedliche Positionen zur Psychotherapie und Psychoanalyse ein. Beide Begriffe werden nebeneinander, gleichwertig oder untergeordnet verwendet. Es findet keine differenzierte Auseinandersetzung mit einzelnen psychotherapeutischen Richtungen statt.
Für die vorliegende Darstellung verwende ich 'Psychotherapie' als Überbegriff. Dazu zählen unter anderem die 'Tiefenpsychologischen Ansätze', zu der z.B. die Freudsche Psychoanaylse und Adlers Individualtherapie zugeordnet werden als auch die 'Humanistischen Ansätze', innerhalb derer Frankls Logotherapie eine Sonderstellung einnimmt.[4]

Einhellig kritisieren die praktizierenden Philosophen das Autoritätsgefälle in psychotherapeutischen Gesprächen und das durch die jeweils vertretene Psychotherapie geprägte und ihrer Meinung nach dadurch eingeengte Verstehen. Das Gespräch verläuft zwischen einer Person, die psychische Probleme hat und einer Person, die nach einer Theorie analysiert und mit der Analyse auch recht hat. Im Gespräch erfolgt die Zentrierung auf das Subjekt. Die Lebenssituation wird nicht berücksichtigt. Es erfolgt keine Einordnung in größere soziale, kulturelle oder geschichtliche Zusammenhänge.
Achenbach weist in seinen Veröffentlichungen immer wieder auf Parallelen zwischen Philosophie, Freudscher Psychoanalyse und Jungscher Analytischer Psychologie hin. Er zitiert Jung, der die Notwendigkeit von philosophischem Wissen für den psychotherapeutisch tätigen Arzt betont.[5] Gleichzeitig streitet Achenbach jedoch ab, daß Psychologen in der Lage seien, philosophische Elemente in die Therapie mithereinzunehmen.

---

4   vgl. Kriz, 1985
5   vgl. Achenbach, Philosophie, Philosophische Praxis und Psychotherapie, in: Achenbach, 1984, S.95

Was bringt Philosophische Praxis Neues? 165

"Auf der einen Seite also gibt es einen virulenten philosophischen Bedarf, dem übrigens inzwischen - oder besser wohl: bislang noch - neue Therapiekonzepte Rechnung tragen, indem man sich als Psychologe, so gut es eben geht mit philosophischem Dilettantismus zu behelfen sucht - also im Bedarfsfall etwa mit herausgegriffenen Philosophemen operiert... (Trend-Repräsentantin dürfte hier die "Humanistische Psychologie" sein, die als Sammelbewegung gemäßigter Behandlungs-Strategieen gegenwärtig auf sich aufmerksam macht, aber auch die - eher missionarisch ambitionierte - "Logotherapie" von FRANKL ist ein Beispiel solcher pseudophilosophischen Verpackungen therapeutischer Konzepte.)"[6]

Dill nun sieht Verbindungen zwischen der Begründung für seine Philosophische Praxis und der Kühnschen Interpretation des "Dereflexions"-Begriffs. Leider führt er diesen Punkt nicht weiter aus. Er schreibt lediglich, Kühn

"plädoyiert für die Akzeptanz des Paradoxes, das ja möglicherweise der zentrale Kern Philosophischer Praxis ist. Begriffe wie *Nicht-Selbst-sein* und *sich-vergessen* (Kühn, S.118) weisen diesen Weg, der für Kühn zugleich der der *Gnade* und des *Heils* ist.[7]"[8]

Die logo-hermeneutische Philosophie sei ein Ansatzpunkt der Philosophischen Praxis. Es ist nicht klar, worin Dill genau die Parallelen zwischen Kühns Paradoxon und den Paradoxien, die er in seiner Praxis erlebt, sieht. Er beschreibt als 'Paradoxon' die 'Selbstfindung über das Du'. Es mag sein, daß er im dialogischen Ansatz die Verwandtschaft beider Ansätze sieht.

---

6   Achenbach, Philosophische Lebensberatung, Kritik der auxiliaren Vernunft, in: Achenbach, 1984, S.53
7   Kühn Rolf, Dem Denken durch das Denken entgehen. Zum psychotherapeutischen Verhältnis von Zen und logo-hermeneutischer Philosophie, in: Daseinsanalyse 4, S.99-123, 1987, zitiert nach Dill, 1989, S.8
8   Dill, Vorwort, 1989, S.8

(2) Frankls Logotherapie[9]

(2.1) Allgemeines

Frankl ist in seinem Verständnis der menschlichen Situation und den sich für ihn daraus ergebenden Lösungen stark von der Existenzanalyse, Abgrenzung zur Psychoanalyse und seinen eigenen Glaubenserfahrungen geprägt. In seinen Veröffentlichungen verändern sich interessanterweise je nach Entstehungszeit die Argumente und der Begründungshintergrund. Er wird immer "säkularer" und richtet seine Abgrenzung nicht mehr vehement gegen die Psychoanalyse, wie er es in den Werken der 40-er Jahre tat. Vielmehr verlegt er sich mehr aufs Analysieren gegenwärtiger Symptome.[10]

Das Problem der heutigen Zeit ist nach Frankl nicht das sexuelle Unbefriedigtsein, sondern die existentielle Unerfülltheit. Ein neues Menschenbild ist nötig. Die Psychoanalyse spürte den Willen zur Lust, die Individualpsychologie den Willen zur Macht und die heutige Zeit den Willen zum Sinn.

---

9 verwendete Literatur:
 - Frankl Victor E., Der Wille zum Sinn, Bern, 1972
 - Frankl Victor E., Der unbewußte Gott - Psychotherapie und Religion, München, 1974 (1948[1])
 - Frankl Victor E., Anthropologische Grundlagen der Psychotherapie, Bern, 1975
 - Frankl Victor E., Psychotherapie für den Laien - Rundfunkvorträge über Seelenheilkunde, Freiburg, 1977[6]a,(1971[1])
 - Frankl Victor E., Das Leiden am sinnlosen Leben - Psychotherapie für heute, Freiburg, 1977b
 - Kreuzer Franz, Im Anfang war der Sinn - Von der Psychoanalyse zur Logotherapie (Franz Kreuzer im Gespräch mit Victor E. Frankl), Wien 1982

10 Die veränderte Argumentationsweise wird aus der Literaturlage nicht sofort ersichtlich, da in einigen von Frankls Büchern alte Vorträge oder Veröffentlichungen erneut aufgenommen oder gar komplett, mit neuem Vorwort versehen, wiederaufgelegt worden sind. Ich gebe deshalb in der Literaturangabe neben dem Erscheinungsjahr des verwendeten Buches immer auch entweder die erste Auflage an oder, wenn es sich um Vorträge handelt, wann Frankl sie gehalten hat.

(2.2) Frankls Menschenbild

Der unbedingte Mensch ist der Mensch, der unter allen Umständen Mensch ist. Das ist eine ethische Kennzeichnung. Der Mensch ist zwar von Bedingtheiten konditioniert, aber nicht konstituiert. Die Frage nach dem Menschsein stellen, heißt nach dem Sinn des Menschseins fragen.[11]
Der gesunde Mensch strebt nicht primär danach, glücklich zu sein. Vielmehr treibt der Wille zum Sinn den Menschen zur Sinnfindung, Sinnerfüllung und zu menschlichen Begegnungen. Und erst Erfüllungen und Begegnungen geben Gründe für Glück und Lust.

"Worum es dem Menschen eigentlich oder zumindest ursprünglich geht, ist die Erfüllung von Sinn und die Verwirklichung von Werten, mit einem Wort, seine existentielle Erfüllung (denn als existentiell darf unseres Erachtens nach bezeichnet werden, was nicht nur mit der menschlichen Existenz, sondern auch mit dem Sinn dieser Existenz zu tun hat)"[12]

Für den Menschen konstituierend ist, daß er sich das Schicksal zu eigen macht, indem er es gestaltet. Klinische Forschungen trugen dazu bei, das Bild von einem freien, weil geistigen Menschen zu verzerren, indem sie den Menschen als Triebwesen oder Reflexbündel hingestellt haben.

"Und immer hat solcher Biologismus, Psychologismus, Soziologismus wider das Geistige im Menschen gesündigt. All diese Menschenbilder bedrohen den Menschen selbst, sie gefährden ihn insofern, als er niemals imstande ist, von solchen Konstruktionen her zu einem Humanismus zu gelangen."[13]

Wie weit die Freiheit des Menschen tatsächlich geht, zeigt sich in extremen Lebenssituationen. Sinnorientierte Menschen haben darin höhere Überlebenschancen. Dies gilt heute für die Menschheit insgesamt.

---

11 vgl. Frankl Vorwort 1. Auflage 1949, in: Frankl, 1975, S. 83
12 Frankl, Bern, 1975, S.34
13 Frankl, 1949 in: Frankl, 1975, S. 234

Der kranke Mensch

Der neurotische Mensch dagegen hat direkt die Lust vor Augen. Der Blick ist auf das Gefühl gerichtet und nicht auf das, was ein erfülltes und glückliches Leben bedingt. Diese verfehlte Blickrichtung nennt Frankl 'Hyperintention'. Damit verbunden ist die 'Hyperreflexion': Je mehr über das Glücksgefühl reflektiert wird, desto weniger greifbar wird es. Der neurotische Mensch ist fatalistisch und überzeugt davon, daß er von äußeren und inneren Mächten bestimmt wird. Der Aberglaube an die Macht des Schicksals macht sich breit.[14] "Freilich, *wer sein Schicksal für besiegelt hält, wird außerstande sein, es zu besiegen.*"[15] Gleichzeitig ist das Bedürfnis nach Nähe und menschlicher Wärme vorhanden, aber es nimmt erstaunliche Formen an.

> "Nach dieser Intimität lechzen sie so sehr, daß sie jeden Preis zahlen, jedes Opfer zu bringen bereit sind, auf die Gefahr hin, daß Intimität in Intimitäten umschlägt."[16]

Aufgrund dieses Fatalismus scheuen sich Menschen davor, Verantwortung zu übernehmen. Sie werden zu Massenmenschen.
Bereits 1950 schrieb Frankl, daß die Menschheit es zu einem Maximum an Wissen und Verantwortung, aber gleichzeitig zu einem Minimum an Verantwortungsbewußtsein gebracht habe. Mit vermehrter Angst könne das nicht erklärt werden. Frankl bemerkt vielmehr Langeweile und innere Leere als Symptom eines existentiellen Vakuums.
Verursacht wird das Vakuum durch Instinktverlust - es gibt kein "Muß" mehr - und durch Traditionsverlust gibt es kein "Soll" mehr. Unterstützt wird das existentielle Vakuum durch Theorien, die Frankl als moderne Ausprägung des Nihilismus bezeichnet. In diesen Theorien werden die Menschen auf computerähnliche Reaktionsstrukturen, auf nach Stoffwechselgesetzen funktionierende Wesen oder ähnliches reduziert. Wissenschaftler versäumten es, ihren rationalen Verfahren und Ergebnissen ein vermittelndes irrationales Element hinzuzufügen und so den Schrecken vor dem Rationalismus der Wissenschaften zu mildern.

---

14 vgl. Frankl, 1977[6]a
15 Frankl, Von der Trotzmacht des Geistes, in: Frankl 1977[6]a, S.128
16 Frankl, 1972, S.226

Die Sinnfrage

Das Sinnproblem des Individuums - die noogene Neurose - weitet Frankl als kollektive Neurose auf die Gesellschaft aus. Die noogene Neurose ist keine psychogene Erkrankung und geht nicht auf Komplexe oder Konflikte im herkömmlichen Sinne zurück. Als Folge des verlorengegangenen oder nie erfaßten Sinns des Lebens zeigt sie sich in Gewissenskonflikten, widerstreitenden Wertkonstellationen und existentiellen Frustrationen.[17] Und dabei tritt das Gefühl der Sinnlosigkeit unabhängig davon auf, ob ein Leben aktiv und engagiert geführt wird oder nicht.

Konkret kann sich der Sinnverlust als Angst vor dem Nichts - sowohl innerhalb als auch außerhalb des Menschen - bis hin zur Todesangst ausdrücken. Greifbar gemacht und verdichtet zeigt sie sich beim Hypochonder, der sie auf ein Organ lenkt.

Lebenssinn kann nach Frankl nicht gegeben werden. Das käme Moralisieren gleich. Sinn ist jeweils konkreter Sinn in einer konkreten Situation und an eine konkrete Person gerichtet. Daß Leben aber unter allen Umständen Sinn hat, begründet Frankl phänomenologisch. Bei schlichten, einfachen Menschen gibt es eine Selbstverständlichkeit für das Leben und Sinngefühl trotz alledem. Und wir können erfahren, daß Menschen so reif werden, daß sie selbst noch Sinn im Leiden sehen können. Im Extremfall sind sie dann zu Handlungen nicht mehr fähig, sondern nur noch zur Verwirklichung von "Einstellungswerten".[18] Sinn hört niemals auf. Sinnfindung wird durch das Gewissen geleitet. Das Gewissen oder auch 'präreflexives Selbstverständnis' genannt "/.../ ließe sich definieren als die Fähigkeit, den einmaligen und einzigartigen Sinn, der in jeder Situation verborgen ist, aufzuspüren."[19] Oder anders ausgedrückt: Frankl nimmt neben dem Triebhaften auch ein geistig Unbewußtes an.

Gestützt wird Frankl bei dieser Annahme durch die Beobachtung alltäglicher Entscheidungen, die stets unbewußt gefällt werden und damit prälogisch sind.

---

17   vgl. Frankl, (Vorträge von 1968) Freiburg, 1977^{6}a (1971^1), Vorwort
18   vgl. Frankl, 1977b, S.80 ff
19   Frankl, 1977b, S.29

Die Psychotherapie darf diese Vorgänge nur vorübergehend bewußt machen, denn Hyperreflexivität unterbricht das Vertrauen auf das Unbewußte. "Der Psychotherapeut hat die Selbstverständlichkeit unbewußter Vollzüge schließlich wiederherzustellen."[20]

Die Trotzmacht des Geistes

> "Was not tut, ist der Mut zur Einsamkeit, die schöpferische Gestaltung der Einsamkeit, die Verwandlung der negativen Abwesenheit von Mitmenschen in die positive Gelegenheit zur Meditation. Die Industriegesellschaft legt einseitig Wert auf die vita activa, und diese Einseitigkeit bedarf ihrer Kompensation: der vita contemplativa. /.../ Tatsächlich braucht der Mensch heute mehr denn je ein Gleichgewicht zwischen den schöpferischen Möglichkeiten, dem Leben einen Sinn zu geben, und den Gelegenheiten, die ihm Begegnung und Liebe geben ..."[21]

Gegen eine neurotische Struktur oder Sinnlosigkeit kann sich der Mensch mit der "Trotzmacht des Geistes" stellen. Den Menschen als Opfer seiner Verhältnisse hinzustellen und ihn wie eine reparaturbedürftige Maschine zu betrachten, ist menschenunwürdig. Der Mensch ist frei, zu seinen Bedingungen Stellung zu nehmen. Ein Mensch kann nicht unbedingt für seine Krankheit verantwortlich gemacht werden, aber ihm bleibt die Freiheit, zu seiner Krankheit Stellung zu beziehen. Mit der Freiheit ist der Mensch allerdings auch schuldfähig. Das schließt seine Würde mit ein.

Die Fähigkeit des Geistes, widrigen Umständen zu trotzen und Sinn trotz alledem zu finden, ist mehr als eine intellektuelle Fähigkeit. Sie umfaßt gleichzeitig ein "inneres Wissen um das, was richtig ist" - mit einem altmodischen Wort ausgedrückt: "Herzensweisheit". Dieses Phänomen ist mit der Endlichkeit des menschlichen Geistes nicht zu fassen und weist auf einen bewußten Glauben hin. Frankl betont das Geistige, um das psychophysische Menschenbild zu überwinden.

> "Die Frage nach dem Lebenssinn läßt sich also nur konkret stellen - und nur aktiv beantworten: auf die "Lebensfragen"

---

20 Frankl, 1974 (1948[1]), S.32
21 Frankl, 1972, S. 226

antworten, heißt allemal, sie verantworten - die Antworten "tätigen"".[22]

(2.3) Der Arzt als Berater

Der Arzt gerät immer wieder in die Situation, bei Patienten mit organischen oder psychiatrischen Krankheiten Auffangstelle für am Leben Verzweifelte zu sein.
Die Medizin stößt an ihre Grenzen. Sie muß die Philosophie integrieren. Die großen Krankheiten unserer Zeit sind Ziellosigkeit, Langeweile, das Fehlen von Bedeutung und Zweck.[23] Ein Arzt sollte einen Patienten, bei dem es keine Möglichkeit der Leidenserleichterung mehr gibt, helfen können, leidensfähig zu werden. Mit rein naturwissenschaftlichem Wissen ist das nicht mehr zu lösen.[24] Der Arzt von heute muß zu sokratischen Gesprächen Mut aufbringen, wenn er kranke Menschen, die am Lebenssinnn zweifeln, ernst nimmt.

"Dieser Tatbestand berechtigt den Arzt nicht nur, er verpflichtet ihn, sich - jenseits leiblicher und seelischer Krankheit - der geistigen Not des Patienten als eines Menschen und nicht eines Kranken zu stellen."[25]

Bei der metaklinischen Sinndeutung des Leidens philosophieren nicht die Psychotherapeuten, sondern die Patienten, indem sie mit ihren Haltungen und Handlungen Antworten geben. Das bezeichnet Frankl als Reifung: zu innerer Freiheit gelangen trotz äußerer Abhängigkeit.

"Der Primat des Philosophierens, der mit dem "primum philosophori" ausgesagt ist, erhält seine Legitimation nicht vom Intellektuellen her, sondern vom Existentiellen her, von einem Existentiellen, einem leidenschaftlichen Denken her."[26]

---

22 Frankl, Von der Sinndeutung zur Sinnleugnung (1950), in: Frankl, 1975
23 vgl. Frankl 1977^{6}a
24 vgl. Frankl, Der Arzt und das Leiden, in: Frankl 1977^{6}a, S.147 ff
25 Frankl, Febr.1961, in:1975, S.61
26 Frankl, 1950, in: Frankl, 1975, S.326

Selbst "das Leiden ist intentional, wenn es Sinn- und Weltbezug hat."[27]

(2.4) Psychotherapie als Methode

"Man mag's mir nicht verübeln, wenn ich an ein Wunder glaube, dass ich diesem Schicksal /seiner Hinrichtung - M.B./ entgangen bin. Und doch, jene Tage, da man meinte, auf der Höhe seines Daseins angekommen zu sein, *da waren die Fragen, die man an sich stellte, tiefer und gründlicher, als je eine Lehranalyse sie entwickeln könnte.* Und in jener Situation spürte man schon, worum es auch in der Psychotherapie gehen muß! /.../"[28]

Jede Zeit braucht ihre Therapie. Das vorherrschende Problem unserer Zeit ist nicht das sexuelle Unbefriedigtsein, sondern die existentielle Unerfülltheit. Von Freud weiß der Mensch, daß er Triebe hat. Adler brachte Minderwertigkeitsgefühle und damit eine gewisse Wertproblematik ins Blickfeld. Jung entdeckte die Archetypen und erweiterte die unbewußten Regionen vom Sexuellen bis zum Religiösen.[29] Jetzt muß dem Menschen gezeigt werden, daß er Geist, Freiheit und Verantwortung hat. Logotherapie ist die Therapieform unserer Zeit.

1982 schränkt Frankl diesen Absolutheitsanspruch ein: Für psychisch Kranke sei die Logotherapie nur eine mögliche Therapieform. Uneingeschränkt zuständig sei sie dagegen bei Sinnsuchenden.[30]

Psychologische, deterministisch begründete Vorhersagen, wie sie die Psychoanalyse nahelegt, sind ein Unding. Die gesamte Wertproblematik wird zudem bei Freuds Triebtheorie verdrängt.[31]

Die heutige Psychotherapie muß die Dimension menschlicher Phänomene, v.a. das der 'Begegnung', berücksichtigen.

---

27 Frankl, ebenda, S.328
28 Frankl, 1950, in: Frankl, 1975 S.263
29 vgl. Frankl, ebenda, S.14
30 vgl. Frankl, ebenda, S.18 f
31 vgl. Frankl, Aus dem Grenzgebiet zwischen Psychotherapie und Philosophie (Febr. 1961), in: Frankl 1975, S.50

"Stellen Sie sich doch vor, ein Kranker erbarmt Sie, Sie haben Mitleid mit ihm und möchten helfen: Tun Sie es dann um ein Sinnlosigkeitsgefühl loszuwerden, oder einfach, weil Sie es müssen, das heißt, weil Sie das Mitleid mit dem Kranken eben *sind* - Sie *sind* dann der Wert, genannt *anderen Menschen helfen.* Das heißt existentielle Verantwortung von Werten! Und so weit müssen wir letzten Endes auch in der Psychotherapie zurückgehen, bis zu diesen Quellen, bis zu diesen Uranfängen."[32]

Frankls Existenzanalyse

Frankls Logotherapie basiert auf der Existenzanalyse. Von existentialistischen Philosophen[33] wurde der Begriff 'Begegnung' eingeführt. Die menschliche Existenz wird als K̲o̲existenz interpretiert. Ein Gespräch in diesem Sinne geht dann über die Selbstdarstellung, der die Intentionalität fehlt, hinaus.

"Diese Struktur menschlichen Daseins bringt es mit sich, daß der Mensch eigentlich oder zumindest ursprünglich über sich selbst hinaus nach etwas langt, das nicht wieder er selbst ist, nämlich entweder nach einem Sinn, den zu erfüllen es gilt, oder nach anderem menschlichen Sein, dem zu begegnen und das zu lieben es gilt."[34]

Die Logotherapie als Psychoterapie setzt das Geistige als Faktum voraus und in der Therapie ein.

"Psychotherapeutische Rückbesinnung auf den Logos bedeutet soviel wie Rückbesinnung auf den Sinn und auf die Werte. Psychotherapeutische Selbstbesinnung auf die Existenz heißt soviel wie Selbstbesinnung auf die Freiheit und die Verantwortlichkeit."[35]

---

32 Frankl, 1982, S.44
33 Frankl führt Martin Buber, Ferdinand Ebner, Jacob L. Moreno an., vgl. Frankl, Kritik der reinen Begegnung - Wie humanistisch ist die humanistische Psychologie?, in: Frankl, Der Wille zum Sinn, Bern 1972,
34 Frankl, 1972, S.218
35 Frankl, ebenda, S.257

Frankls Logotherapie

Logotherapie geht phänomenologisch vor, versucht existierende Werte und Werturteile herauszufinden, aber fällt selbst keine. 'Logos', i.e. Sinn und Geist soll in die Therapie integriert werden. Ziel ist weder Triebausgleich im Freudschen Sinne, noch Selbstverwirklichung, wie sie in den, auf Nietzsche aufbauenden Therapien von Jung, Horney, Fromm etc. zu finden ist. Selbstverwirklichung meint allzu oft nur Selbstentfaltung und übersieht dabei, daß jede Erkenntnis ein Objekt braucht. Und dazu muß die eigene Person zurücktreten. 'Selbstverwirklichung' nimmt bei Jung, Horney und Fromm wieder die Stellung eines Triebes ein und ist purer Psychologismus, "die Weltlosigkeit des Menschen, wie er im psychodynamischen Weltbild konzipiert wird."[36]. Die Logotherapie sieht den Menschen primär als Befragten in der Welt. Das Leben stellt Fragen, der Mensch muß antworten. Deshalb kann der Sinn des Lebens nicht erfunden oder gegeben werden, sondern muß gefunden und entnommen werden. In der Logotherapie geht es um die Analyse dessen, was der Mensch seiner Sinnerfüllungsmöglichkeit und Selbstverwirklichung schuldig ist. Der Horizont soll erweitert werden und das Verantwortlichsein bewußt gemacht werden. Der Logotherapeut kann keinen Sinn erfinden oder schaffen, sondern hat im Gespräch eine Katalysatorfunktion, damit dem Klienten Dinge bewußt werden.

Jeder echte Dialog muß auf 'logos', i.e. auf einen Sinn hin orientiert sein, muß über sich hinausweisen, sonst wäre er ein Monolog. Eine Psychologie ohne 'logos' kennt nur Ursachen in sich und keine Gründe außerhalb, in der Welt. Damit unterbindet sie den Akt der Stellungnahme und der Sinnfindung.

Der Logotherapeut gerät weniger als andere Psychotherapeuten in Gefahr zu moralisieren, da er weiß, daß jeder Mensch alleine zu seinem Sinn finden muß. Selbst Freud konnte sich des Moralisierens nicht enthalten. Das Wirken des Psychotherapeuten sei "das Wirken eines Lehrers, eines Aufklärers, eines Künders einer neueren und besseren Weltauffassung."[37]

---

36 Frankl, Irrwege seelenärztlichen Denkens (1960), in: Frankl, 1975, S.40
37 Freud nach Frankl, 1974, S.81

"Sie /die Logotherapie - M.B./ legt, als sinnzentrierte Psychotherapie, die Betonung auf die Sinnorientiertheit des Menschen nur in den Fällen, in denen eben über das Psychische hinaus das Noetische oder sagen wir das spezifisch Humane zur Diskussion steht, in denen der Mensch als Sinnsuchender frustriert ist in seinem Anspruch ans Leben, ist Logotherapie voll zuständig. Aber das hat ja eigentlich mit Krankeit längst nichts mehr zu tun. Ein Mensch, der um seinen Sinn in seinem Leben ringt, ist kein Neurotiker, kein Kranker."[38]

(3) Der Kommentar

Zwischen Frankls Logotherapie und den Überlegungen der praktizierenden Philosophen überwiegen auf den ersten Blick die Parallelen. Gegensätze sind schwer auszumachen. Sowohl Frankl als auch die Philosophen setzen sich kritisch mit Pathologisierungen von seelischer Not auseinander. In die Analyse der die Psyche belastenden Umstände werden nicht frühkindliche Erlebnisse, Geschwisterfolge etc. hineingenommen, sondern es werden gesellschaftliche Analysen getätigt. Die Menschenbilder sprechen von verantwortungsfähigen Menschen, die deshalb auch zur Verantwortung für sich und ihre Umgebung verpflichtet sind. So ergibt sich die Frage, warum die praktizierenden Philosophen sich nicht mehr an Frankls bereits vorhandenes Konzept anlehnen.

Wenn allerdings die "Zielgruppen" betrachtet werden, für die die philosophischen Praktiker und Frankl jeweils ihre Konzepte ausarbeiteten, könnte sich eine mögliche Antwort auf diese Frage ergeben.
Menschen mit gefühlsmäßigen Beeinträchtigungen, für die Frankl den Begriff 'noogene Neurose' geprägt hat, suchten ihn zunächst als Psychiater auf, d.h. sie fühlten sich krank und suchten Hilfe bei einem entsprechenden Facharzt.
Die Gesprächspartnerinnen und Gesprächspartner der philosophischen Praktiker hingegen sollten seelisch nicht sehr belastet sein. Eine freie Reflexion sollte möglich sein. Wahrscheinlich sind so schwere Fälle, wie Frankl sie beschreibt, nicht oder nur selten als Klientel

---

38 Frankl, ebenda, S.19

philosophischer Praktiker zu finden. Wie mehrmals bereits betont, scheint mir Achenbach die Ausnahme zu sein, da er als einziger mit psychisch belasteten Menschen arbeitet.[39] Es kann also angenommen werden, daß die praktizierenden Philosophen sich nicht mit speziellen Dialogweisen für Besucherinnen und Besuchern mit psychischen Belastungen befassen müssen.
Für die meisten philosophischen Praktiker fallen psychische Störungen in den Kompetenzbereich der dafür Ausgebildeten. Eigentlich sind sie bei dieser Zuteilung nicht konsequent. Entweder werden Psychotherapien schwer kritisiert oder sogar jegliche Auseinandersetzung mit Pschotherapeuten abgelehnt, dann aber Besucherinnen oder Besuchern, bei denen sich philosophische Praktiker nicht kompetent fühlen, ihnen zugewiesen.

Ein weiterer Unterschied besteht in Frankls Focusierung auf das Subjekt. Das Subjekt kann, da es geistige Person ist, Sinn finden. Frankl erklärt jedoch nicht, wie die Sinnfindung möglich ist, woher der Sinn kommt. Das Medium mit dem Sinnfindung möglich ist, ist das Gewissen, das präreflexive Selbstverständis. Die Definition oder Beschreibung dessen, was dies nun eigentlich ist, bleibt unklar. Es wird die Vermutung geweckt, daß jeder Mensch über eine subjektive Werturteilsinstanz verfüge. Diese Instanz scheint alleine von persönlichen Umständen geformt worden zu sein. Kulturelle, soziale oder geschichtliche Einflüsse oder Einflüsse von Wertegemeinschaften treten zurück. Das Indivuduum ist zunächst ein vereinzeltes. Die praktizierenden Philosophen dagegen setzen sich eher mit dem Aspekt der menschlichen Gemeinschaft auseinander.

---

39 Eigentlich ist es verwunderlich, daß Achenbach sich so vehement gegen Frankl abgrenzt, denn von der Analyse und 'Therapie' her ähneln sich Achenbach und Frankl sehr. Inwieweit diese strenge Abgrenzung Hinweis auf eine befürchtete, gewußte oder geahnte Nähe ist, darüber lassen sich nur Vermutungen anstellen.

V. SCHLUSS

In den vorhergegangenen Kapiteln wurde ein umfassender Überblick über das Phänomen 'Philosophische Praxis' gegeben.
Dabei zeigt sich, daß Philosophische Praxis eine ernstzunehmende Erscheinung ist. Philosophische Praxen breiten sich aus und erhalten Zulauf.
Sie sind ernstzunehmen als engagierter Versuch, Philosophie zu treiben.
Sie sind ernstzunehmen als ein Ansatz, Philosophie für den Alltag nützlich zu machen. Gerade in unserem Alltag scheint ein starker Bedarf an philosophischen Erörterungen zu bestehen.
Sie sind ernstzunehmen, da sie ein mögliches Berufsfeld für Philosophen sind. Es interessieren sich ständig mehr Menschen für diese Tätigkeit. Philosophische Praxis bietet Philosophinnen und Philosophen die Möglichkeit, ihren Lebensunterhalt zu verdienen. Allerdings sind die ersten Jahre finanziell schwer durchzustehen. Es gehört sicher einiger Mut, Idealismus und Überzeugung zur Eröffnung einer Praxis dazu.
In den bisherigen Konzeptionen zur Philosophischen Praxis bestehen Ungereimtheiten, weshalb ich die Arbeit mit einigen kritischen Bemerkungen schließen möchte:
Die einzelnen Philosophen beschrieben und begründeten ihre jeweilige Praxis sehr unterschiedlich. Keines dieser Konzepte war in der Darstellung durchgängig schlüssig. Es zeigten sich immer wieder Widersprüche oder zu kurz greifende Argumentationen. Es scheint schwer, wenn nicht gar unmöglich zu sein, eine allgemeine philosophisch-theoretische Begründung zu finden, die sich z.B. philosophischen Traditionen eindeutig zuordnen ließe. Vielmehr liegt wohl das Proprium Philosophischer Praxis darin, daß in ihr ganz einfach "Philosophie getrieben" wird. Philosophische Praxis bietet Platz, um Gedanken entwickeln, artikulieren und reflektieren zu können. Die "persönliche Philosophie" des Betreibers müßte sich im Gespräch zeigen, wenn die praktizierenden Philosophen ihre eigene Forderung nach Ehrlichkeit und Offenlegen des eigenen Standpunktes ernst meinen und zugleich das Ideal eines verantwortungsvollen, solidarischen Menschen vor sich haben. Deshalb darf sie 'Philosophische Praxis' genannt werden.

Wird Philosophische Praxis als Gesprächsraum verstanden, so wird das philosophische Gespräch bestimmt sein von den Dialogpartnern. Die Persönlichkeit des Philosophen prägt die jeweilige Praxis. Persönlichkeitszüge können gefördert oder geschult werden. Meiner Meinung nach täten die Philosophen gut daran, hier Anleihen bei anderen Disziplinen zu tätigen. Zwar ist es verständlich, daß Philosophische Praxis in der Phase ihrer Etablierung sich gegen konkurrierende Praxen im Bereich der Psychologie, der Medizin, der Pädagogik und der Theologie abgrenzt, doch scheint mir diese Abgrenzung von der Sache her nicht begründet zu sein. Schulung tut dem Philosophischen an der Philosophischen Praxis keinen Abbruch. Schulung bedeutet nicht Schulbildung und Institutionalisierung. Sie ist von mir vielmehr gedacht als ein selbständiges und verantwortungvolles Sich-Bemühen um die Ausbildung von Fähigkeiten, die für eine Gesprächsführung sinnvoll sein können.

Ebenso wie Seelsorger und Logotherapeuten arbeiten praktizierende Philosophen u.a. mit Menschen, die in Existenzkrisen stecken. Auch wenn jede Richtung auf Abgrenzung bedacht ist, zeigen sich doch gegenseitige "Befruchtungen". Die Logotherapie als Psychotherapie erkennt die Grenzen des psychotherapeutischen Wissens und verarbeitet Erkenntnisse aus Philosophie und Theologie. Einige Seelsorger sind sich der Schwierigkeit des Umgangs mit psychisch belasteten Menschen bewußt und tätigen Anleihen bei psychotherapeutischen Methoden. Und die Philosophen, die zwar jegliche psychotherapeutische Methode ablehnen, beginnen sich Gedanken über ein günstiges Gesprächsvorgehen bei belasteten Menschen zu machen. Alles spricht dafür, die verschiedenen Gesprächsangebote als Alternativangebote zu verstehen, disziplinübergreifende Erkenntnisse zu übernehmen und auf eine genaue Aufteilung des "Klientenkuchens" zu verzichten.

Schluß

Damit ans Ende der schweren Gedanken gelangt, möchte ich die Leser und Leserinnen auf den Krimi "Mörder & Marder"[1] aufmerksam machen. Er ist in höchstem Maße erstaunlich. Ist doch eine der Hauptfiguren ein praktizierender Philosoph!

"HENRY HOFF

PHILOSOPH

Cassius - Bastei 314

5300 Bonn 1

Dann ergriff er den dritten Cognac und schnüffelte, ohne zu trinken. "Ich bin sprachlos; kein Wort fällt mir dazu ein." Hoff nickte. "Sehr gut. Dich sprachlos zu sehen war schon lange mein Wunsch."

"Und wie machst du das mit dem Philosophieren?"

"Ach, das ist ganz einfach. Ich werde in der nächsten Ausgabe des Branchenverzeichnisses als Philosoph stehen, mit Nummer und Sprechstunden. Bis jetzt sitze ich in meiner Praxis und berate Laufkundschaft."

"Du willst doch nicht im Ernst sagen, du hast so ein ulkiges Blechschild vor der Tür, darauf steht Philosoph, und orientierungslose Menschen, die zum Einkaufen in die City pilgern, kommen einfach so auf einen Schwatz vorbei?"

"Doch, genau das tun sie. Ich habe kurz vor Weihnachten damit angefangen, also ungefähr zweieinhalb Monate Erfahrung, und ich kann dir sagen: Es läuft.""[2]

---

1 Haefs Gisbert, Mörder & Marder, Zürich, 1988 (erste Ausgabe 1985)
2 Haefs, ebenda, S.11

Literaturverzeichnis

Achenbach Gerd, Philosophische Praxis (Schriftenreihe zur Philosophischen Praxis, Bd.1), Köln, 1984

Achenbach Gerd / Macho Thomas, Das Prinzip Heilung: Medizin, Psychoanalyse, Philosophische Praxis (Schriftenreihe zur Philosophischen Praxis, Bd.2), Köln 1985

Achenbach Gerd, Einladung zum Kolloquium der Gesellschaft für Philosophische Praxis vom 28.-31.10.88

Achenbach Gerd, Einladung zu einem "Philosophischen Ferien-Wochenende" in der Eifel vom 21.-23.06.89

Achenbach Gerd zum Ausbildungsseminar der 'Gesellschaft für Philosophische Praxis' und des Instituts für Philosophische Praxis vom 28.-30.06.89

Achenbach Gerd, das Verschwinden der Welt hinter den Bildern, Vortrag gehalten auf dem 20. BFF-Kongreß in Stuttgart, veröffentlicht in **PROFIFOTO**, Nr.4 / 89

AGORA, Zeitschrift für Philosophische Praxis, Mitteilungsblatt der GPP, Bergisch-Gladbach, Ausgaben: Nov.87, Jan.89, Okt.89, Dez.91

Cailleux Michel, Zur Frage 'Was ist Denken?'- Eine grammatische Betrachtung nach Wittgenstein, in: Sprechen - Denken - Praxis, hrsg. v. Simon G. Und Straßner E., Weinheim & Basel, 1979

DER SPIEGEL, Hart an der Grenze, hrsg.v. Rolf Augstein, Nr.39/82

DIE ZEIT, Wochenmagazin für Politik, Wirtschaft, Handel und Kultur, hrsg. v. M. Gräfin Dönhoff und H. Schmidt, Ausgaben: Nr.2, 06. Jan. 89 und Nr.17, 21. April 1989

Dill Alexander, Philosophische Praxis - eine Einführung, Fischer-Taschenbuchverlag, Frankfurt, 1990

Dill Alexander, persönlicher Brief vom 14.03.89

Dill Alexander, Werbezettel für seine Philosophische Praxis

Dill Alexander, Warum der Feind die eigene Frage als Gestalt ist und dies zum Wesen des Dialogs gehört; Weiterhin: Warum zurück zur Metaphysik gegangen werden muß ebenso wider die Skepsis somit zwei Beiträge zur Theorie der Philosophischen Praxis, in: Witzany (Hrsg.), Zur Theorie der Philosophischen Praxis, Essen, 1991

Dietrich Georg, Allgemeine Beratungspsychologie, Göttingen, 1983

Frankl Victor E., Der Wille zum Sinn, Bern 1972

Frankl Victor E., Der unbewußte Gott - Psychotherapie und Religion, München 1974 (1948[1])

Frankl Victor E., Anthropologische Grundlagen der Psychotherapie, Bern, 1975

Frankl Victor E., Psychotherapie für den Laien - Rundfunkbeiträge über Seelenheilkunde, Freiburg 1977[6]a (1971[1])

Frankl Victor E., Das Leiden am sinnlosen Leben - Psychotherapie für heute, Freiburg, 1977b

Fuß Holger, Wir mieten uns einen Sokrates, in: COSMOPOLITAN, Nr. 1 / 89

Graefe Steffen, Was heißt Philosophische Praxis?, Privatdruck, Hamburg, 1989

Graefe Steffen, persönliche Mitteilung vom 19.05.89

Graefe Steffen, Programmkalender Mai, Juni, Juli '89 des Kleinen Ateliers für Philosophische Praxis

Graefe Steffen, Philosophische Selbstverwirklichung - Vom Ethos einer Philosophischen Praxis, in: Witzany (Hrsg.), Zur Theorie der Philosophischen Praxis, Essen, 1991

Haley Jay, Die Kunst der Psychoanalyse, in: The Power Tactics of Jesus Christ and other Essays, Triangle Press, 1986[2], Rockville Md. (dtsche Übersetzung: Ulrike Franke, erscheint im Beltz-Verlag, Weinheim 1990)

INFORMATION PHILOSOPHIE, hrsg. P. Moser, Ausgaben: Mai 88, Okt. 88, Dez. 88, Juli 89, Okt.91

Koch Joachim, persönlicher Brief vom 15.03.89

Koesters Paul-Heinz, Frühstück im Bett, in: Stern, Wochenmagazin, hrsg. v. Rolf Schmidt-Holtz, Nr.19 / 84

Kreuzer Franz, Im Anfang war der Sinn - Von der Psychoanalyse zur Logotherapie (Franz Kreuzer im Gespräch mit Victor E. Frankl), Wien, 1982

Kriz Jürgen, Grundkonzepte der Psychotherapie, München-Wien-Baltimore, 1985

Kühn Peter, Charakteristika der SommerPhilosophieSchule, Allgemeines Informationsblatt vom Frühjahr 1989

Kühn Peter, Einladung zu Seminaren für das Jahr 1989

Lübbe Hermann, Theodizee und Lebenssinn, Vortrag gehalten am Kolloquium "Castelli" 1988 in Rom, veröffentlicht in Information Philosophie, hrsg. P. Moser, Mai 1989

Meyers Grosses Taschenlexikon, Bd.18, 1984

Neubert Miriam, Denkstunden nach Vereinbarung, in: Rheinischer Merkur, Nr.44, 30.10.87

Revenstorf Dirk, Psychotherapeutische Verfahren, Bd.III: Humanistische Verfahren, Stuttgart-Berlin-Köln-Mainz, 1983

Salzburger Nachrichten, Ausgabe vom 21.01.89

Satzung der 'Gesellschaft für Philosophische Praxis'

Satzung des 'Offenen Forums für Philosophische Praxis und Interdisziplinäre Forschung'

Scharfenberg Joachim, Seelsorge als Gespräch, Göttingen, 1987^4 (1972^1)

SÜDWEST PRESSE - Schwäbisches Tagblatt, Unabhängige Landeszeitung für Baden-Württemberg. Organ für die öffentliche Bekanntmachung des Landkreises und der Universitätstadt Tübingen, hrsg. Chr. Müller, Ausgaben: 04.09.89

Tacke, Glaubenshilfe als Lebenshilfe - Probleme und Chancen heutiger Seelsorge, Neukirchen, 1979^2 (1975^1)

Teischel Otto, Rundschreiben an die Gäste seiner Gesprächswerkstatt, 1989a

Teischel Otto, Traktat über "Notwendigkeit und Paradox Philosophischer Praxis" - Zeitgemäße Betrachtungen über einen unzeitgemäßen Beruf, in: Witzany (Hrsg.), Zur Theorie der Philosophischen Praxis, Essen, 1991

Teischel Otto, persönliche Mitteilung vom 26.04.89, 1989c

Veranstaltungskalender 1989 der Veranstaltungsreihe 'Philosophie am Platz', veranstaltet von Oberhauser Walter und Raditschnig Heinz, Studienzentrum Klagenfurt

Weischedel Wilhelm, Recht und Ethik, 1955

Wittgenstein Ludwig, Philosophische Untersuchungen, Frankfurt/Main, 1982³

Witzany Günther, Die Philosophische Praxis als Arbeitsmöglichkeit von/für Philosophen..., Privatskript 1988a

Witzany Günther, Beschreibung des Lebenswegs und Motive der Initiatoren des Projekts, u.a., Privatskript, 1988b

Witzany Günther, Philosophieren in einer bedrohten Welt - Vorträge und Essays wider die technokratische Vernunft, Essen 1989a

Witzany Günther, Zu den Fragen zur Philosophischen Praxis im Einzelnen, Privatskript, 1989b

Witzany Günther, Interview, teilweise veröffentlicht in: INFORMATION PHILOSOPHIE, 4/91

Literatur mit unvollständigen Angaben:

Seminarbeschreibung für ein Seminar für Führungskräfte in Münster (07./08.09.98)

Transkription einer unvollständigen, privaten Videoaufnahme einer Fernsehsendung des Hessischen Rundfunks über Philosophische Praktiker, ausgestrahlt 1988

Philosophische Praxis

Herausgegeben von Dr. Günther Witzany

Band 1 *Günther Witzany*
       Philosophieren in einer bedrohten Welt
       Vorträge und Essays wider die technokratische Vernunft
       Essen 1989, 155 Seiten, DM 32,00   ISBN 3-89206-275-7

Band 2 *Bernhard Hölzl*
       Tractatus poetico-philosophicus
       Über Simulation
       Essen 1991, 72 Seiten, DM 19,00   ISBN 3-89206-393-1

Band 3 *Günther Witzany (Hrsg.)*
       Zur Theorie der Philosophischen Praxis
       Essen 1991, 147 Seiten, DM 38,00   ISBN 3-89206-407-5

Band 4 *Melanie Berg*
       Philosophische Praxen im deutschsprachigen Raum
       Eine kritische Bestandsaufnahme
       Essen 1992, 184 Seiten, DM 48,00   ISBN 3-89206-472-5